HARRAP'S

Parler **le portugais** en voyage

Ana Bela Cabral
Isabel Dias

HARRAP

21, rue du Montparnasse
75283 Paris Cedex 06

HARRAP's® est une marque de Larousse SAS.
www.harrap.com

ISBN 978-2-81-870296-3

Direction du département Dictionnaires et Encyclopédies :
Carine Girac-Marinier

Direction éditoriale : Claude Nimmo

Suivi éditorial : Beata Assaf

Mise à jour : Odette de Barros

Informatique éditoriale : Dalila Abdelkader

Conception graphique : Sophie Rivoire

Mise en page : Les PAOistes

Fabrication : Rebecca Dubois

Édition précédente

Direction éditoriale : Anna Stevenson

TABLE DES MATIÈRES

Table des matières

Liste des planches

Abréviations utilisées dans ce guide

adj	adjectif
adv	adverbe
f	féminin
fpl	féminin pluriel
inv	invariable
m	masculin
mf	masculin et féminin
mpl	masculin pluriel
n	nom
pl	pluriel
prép	préposition
v	verbe
sing	singulier

PRONONCIATION

ALPHABET

a *à*	**g** *gué*	**n** *ène*	**s** *èss*
b *bé*	**h** *agà*	**o** *o*	**t** *té*
c *cé*	**i** *i*	**p** *pé*	**u** *ou*
d *dé*	**j** *jota*	**q** *ké*	**v** *vé*
e *è*	**l** *èle*	**r** *èrr*	**x** *chij*
f *èfe*	**m** *ème*		**z** *zé*

PRONONCIATION ET INTONATION

Pour chaque phrase donnée en portugais dans ce guide, vous trouverez sa prononciation indiquée en italique. En lisant simplement cette transcription phonétique, vous pourrez vous faire comprendre par un lusophone.

Certains sons (nasaux) portugais n'existant pas en français, nous utiliserons les codes suivants afin de les retranscrire :

EM/EN son qui ressemble au son français **é** nasalisé. Ex : **tempo** tEMpo, **dente** dENte

IM/IN son qui ressemble à un **i** nasalisé. Ex : **fim** fIM, **cinco** cINkou

UM/UN son qui ressemble au son français **ou** nasalisé. Ex : **um** UM, **mundo** mUNdou

ÃE son qui ressemble au son français **in** + **i**. Ex : **mãe** mÃE

ÃO son qui ressemble au son français **on** + **ij**. Ex : **cão** kÃO, **balão** balÃO

ÕE son qui ressemble au son français **in** + **ou**. Ex : **limões** limÕEj **leões** liÕEj

LH son mouillé qui ressemble au son de mi**ll**ion. Ex : **mulher** muLHèr, **trabalho** trabaLHou

ÊM son qui ressemble à deux **é** nasalisés consécutifs. Ex : **têm** tÊm

Le tilde (~) indique la nasalisation de la voyelle ou de la diphtongue.

INTRODUCTION

Cette toute nouvelle édition du guide de conversation franco-portugais Harrap est destinée à tous ceux qui souhaitent communiquer avec les habitants lors de leur séjour à l'étranger. Claire, allant à l'essentiel, elle vous aidera à faire les premiers pas pour dépasser la barrière de la langue et entrer en contact avec les gens du pays.

Dans chacune des rubriques, ce guide vous propose une liste de mots utiles ainsi qu'une série de phrases et d'expressions courantes : vous entendrez ou vous lirez certaines d'entre elles, d'autres vous permettront de vous exprimer. Vous vous ferez alors comprendre sans effort grâce à une transcription phonétique très simple, spécialement adaptée à l'utilisateur français.

Avec les quelque 4500 mots du mini-dictionnaire bilingue, les plus curieux pourront compléter ou décliner ces structures élémentaires afin de nouer une conversation.

Des indications sur la culture et les pratiques locales, quelques informations utiles sont là pour vous faire gagner du temps. Réservez vos vacances aux loisirs et à la découverte ! Vous trouverez dans ce guide un lexique gastronomique qui vous aidera à découvrir la cuisine du pays et les principaux plats régionaux.

En plus, nous vous offrons un fichier MP3 à télécharger sur notre site **www.harrap.com**, avec la prononciation des mots et expressions indispensables pour votre voyage. Copiez-le sur votre lecteur MP3 ou sur un CD avant de partir et vous n'aurez plus à chercher vos mots !

Maintenant, à vous de jouer !

LA LANGUE PORTUGAISE

Un peu d'histoire

Le portugais, tout comme le français, a bien sûr des origines latines. Mais, si le latin est un héritage commun à toutes les langues romanes, chacune d'entre elles a sa propre histoire. D'où la nécessité de cette rubrique, non ?

Le mot Portugal lui-même n'apparaît pas avant la chute de l'Empire romain. Entre la Lusitanie romaine (qui ne se confond pas avec l'actuel territoire portugais) et la naissance du royaume du Portugal, sept siècles vont s'écouler, pendant lesquels se succéderont les invasions germaniques à partir du Ve siècle et à partir du VIIIe l'occupation arabe.

La naissance du royaume indépendant du Portugal aura lieu au XIIe siècle. À cette période, tout le sud du pays, correspondant aux actuelles provinces de l'Algarve, était encore sous la domination arabe. C'est en 1249, avec la reconquête de Faro, que le territoire de l'actuel Portugal est libéré.

L'indépendance du Portugal entraîne la séparation avec la Galice et le León. Cependant, les premiers textes écrits en portugais, qui apparaissent au XIIIe siècle, sont rédigés en une langue qui est, pour l'essentiel, la même au nord du pays et dans la Galice espagnole, et qu'on appelle le ***galaïco-portugais*** (galego-português). C'est cette langue qui, occupant tout le territoire du nouveau royaume, va devenir le portugais moderne. L'arabe disparaît, en laissant cependant environ un millier de mots dans le vocabulaire.

Vers 1500, le portugais moderne est à peu près constitué. Nettement différent du galicien, il est devenu la langue officielle du royaume, recentré sur Lisbonne, la capitale. C'est cette zone centrale, balisée par les villes de Coimbra au nord et d'Évora au sud, qui dicte la norme, les parlers du nord apparaissant alors comme vulgaires et provinciaux...

À partir du XVe siècle, le portugais se diffuse dans le monde. Son expansion résulte bien sûr des grandes expéditions maritimes (si vous aviez oublié on appelle ça les Grandes Découvertes) et des conquêtes qui ont porté la langue portugaise bien au-delà des frontières du Portugal, d'abord dans les îles de Madère et des Açores, puis dans de nombreux territoires d'Afrique, d'Asie et d'Amérique, notamment au Brésil.

Ainsi répandu sur de très vastes espaces, il va se diversifier, d'abord par l'émergence des créoles portugais, dans les îles du Cap-Vert, en Guinée-Bissau, à São Tomé et dans plusieurs îles du golfe de Guinée, mais aussi en Asie, dans plusieurs régions de l'Inde et du Sri-Lanka, et à Macao.

Où parle-t-on le portugais déjà ?

Il y a d'abord les pays où le portugais est la langue officielle. C'est bien sûr au Brésil que l'on parle le plus le portugais (environ 172 millions d'habitants), au Portugal bien entendu (environ 10,3 millions d'habitants), dans des enclaves situées le long de la frontière hispano-portugaise, mais aussi dans les îles du Cap-Vert (369 000 habitants), en Guinée-Bissau (980 000 habitants), dans les îles de São Tomé et Principe (116 000 habitants), en Angola (10 millions d'habitants) et au Mozambique (18 millions d'habitants).

Le portugais est aussi la seconde langue officielle au Timor-Oriental (952 618 habitants) et dans la RAS (région administrative à statut spécial) de Macao en Chine. En Inde, dans les anciens comptoirs de Goa et Daman-et-Diu, on parle aussi une variété de portugais.

Enfin, le portugais est également parlé par les nombreuses communautés portugaises réparties un peu partout dans le monde. En France, par exemple.

L'influence du portugais dans le monde…

C'est fou comme la langue de ce petit territoire a pu essaimer sur les quatre continents. Il suffit donc de suivre peu ou prou l'histoire de l'expansion portugaise dans le monde, à partir du XVe siècle, pour trouver de nombreux créoles portugais, notamment le long des côtes africaines et asiatiques. Par exemple, bon nombre de mots portugais sont encore utilisés à Ceylan, en Birmanie, au Cambodge, au Siam (Thaïlande), en Indonésie, en Malaisie, au Viêt-Nam et au Laos, aux Philippines et au Japon, couvrant plusieurs domaines : la religion et le commerce, mais aussi la toponymie, la gastronomie, la mécanique, les mœurs, etc.

Et puis, beaucoup de mots portugais se sont aussi glissés dans les langues européennes, y compris, bien sûr, dans la langue française.

... et sur le français

Les influences du portugais sur le français sont de trois sortes : les mots qui viennent de l'Amérique latine par le tupi, langue indienne du Brésil ; ceux qui viennent des langues d'Asie et d'Indonésie, notamment grâce aux échanges commerciaux établis par les Portugais entre l'Europe et ces lointaines régions du globe entre le XVIe et le XVIIIe siècle ; et ceux qui viennent directement du portugais.

Saviez-vous que des mots comme ***jaguar, piranha, cobaye, cajou, manioc*** ou ***ananas*** sont directement empruntés au tupi ? Saviez-vous encore que des mots français comme ***cachalot, cobra, pintade, paillote*** ou ***fétiche*** proviennent d'anciennes formes du portugais ? Alors, sachez aussi que des mots comme ***bambou, teck, mangue, pagode*** ou ***jonque*** sont des mots venus de la lointaine Asie (Inde, Ceylan et Indonésie) mais passés en Europe par l'intermédiaire du portugais.

Faux amis

Le portugais et le français sont des langues étymologiquement proches grâce à leurs origines latines, même si chaque langue a bien sûr évolué à sa façon tout au long des siècles. On peut cependant, d'une langue à l'autre, identifier quelques faux amis, c'est-à-dire des mots dont la forme est proche dans les deux langues, mais dont le sens est différent. Cela peu donner lieu à quelques légers malentendus...

Par exemple, le mot **carta** correspond à ***lettre*** et non à ***carte***. Notre « carte » se dit **cartão** alors que ***carte de crédit*** sera **cartão de crédito**, ***carte de visite***, **cartão de visita**, etc. Par contre, la ***carte du métro*** sera un **mapa do metro**.

Portanto ne veut pas dire ***pourtant***, mais ***donc***, ***par conséquent***,ce qui transforme complètement le sens des phrases. Par exemple, si vous jouez à inverser les deux sens dans cette phrase extraite d'une subtile telenovela brésilienne : « je t'aime, pourtant je ne veux pas rentrer avec toi ce soir ». Étonnez-vous qu'il y ait tant de malentendus et de cabinets de psychothérapeutes à tous les coins de rue dorénavant...

Bon, si les exemples de faux amis sont nombreux, le degré de familiarité entre les deux langues reste pourtant très grand, et un Français, en général, comprend facilement le portugais écrit.

Vrais amis

Malgré ces petites épines, ne craignez donc pas d'embrasser la langue portugaise (ou cautérisez la plaie avec un ou une joli(e) Portugais(e)). Les rapprochements entre portugais et français étant assez faciles (et oui, on persiste et on signe), les mots très proches par leur forme écrite et leur signification sont donc nombreux. Oui, **um homem solitário** est bien ***un homme solitaire***, **uma região rural**, ***une région rurale***, **um país exótico**, ***un pays exotique***, **uma odisseia**, ***une odyssée***, **um labirinto**, ***un labyrinthe***, etc.

Et puis vous pouvez, dans une langue comme dans l'autre, manger du caviar, vous reposer sur un sofa, danser le tango, la rumba ou la salsa, jouer au golf ou encore trinquer au champagne, au prix seulement de quelques différences graphiques (ce qui reste très bon marché pour du champagne).

Dialectes, argots et accents

Comme dans n'importe quel pays, il n'y a pas une langue portugaise parlée uniformément dans tout le Portugal. Certaines régions possèdent des particularités lexicales et de prononciation, les plus grandes distinctions se trouvant entre le nord et le centre et centre-sud du pays.

Malgré une grande homogénéité qui a pu faire dire que les dialectes sont quasi inexistants au Portugal, l'uniformité du portugais européen n'est que superficielle. Le portugais standard s'appuie sur un type de langue parlée, plus ou moins cultivée, notamment dans les régions centrales du pays et qui, de nos jours, est largement diffusée par les médias.

Mais on trouve au nord-est une zone d'archaïsmes (non, on n'a pas traité les habitants du Nord-Est d'archaïques, c'est du jargon de linguiste !). Dans certaines localités situées au nord de Coimbra, les habitants ne distinguent pas entre /b/ et /v/ (ce qui est assez déconcertant). Dans les régions de Miranda do Douro, Riodonor ou Guadramil, on trouve encore des vestiges du léonais.

Enfin, un peu partout au Portugal, on peut encore entendre le caló, variété de tsigane parlée par les Gitans de la péninsule Ibérique, un dialecte sans territoire fixe.

L'âge et le milieu social entrent aussi en ligne de compte. Aujourd'hui, il existe des parlers provinciaux, des argots dans les banlieues des grandes villes, comme Lisbonne ou Porto, des parlers d'jeun's, ainsi que des parlers typiques des communautés originaires de plusieurs coins du monde. N'oublions pas que le Portugal est un pays accueillant des migrants d'Afrique, du Brésil, d'Asie et de l'Europe de l'Est.

Des expressions d'origine brésilienne se répandent rapidement au Portugal, par l'intermédiaire des productions brésiliennes à la télévision, mais aussi par la forte présence de Brésiliens au Portugal, formant une communauté assez importante désormais.

Et le portugais passa au Brésil...

Revenons sur le portugais du Brésil. En fait, les divergences entre le portugais du Portugal et le portugais du Brésil concernent pratiquement tous les aspects de la langue : la phonétique, la morphologie, la syntaxe, le vocabulaire et l'orthographe.

Par exemple, dans les transports, ***une voiture décapotable*** est **um carro descapotável** au Portugal et **um carro conversível** au Brésil ; le ***péage***, **portagem** au Portugal et **pedágio** au Brésil ; l'***auto-stop***, **boleia** au Portugal et **carona** au Brésil. Souvent, plus les expressions sont familières, plus la distance est grande : par exemple, ***un chouette type*** sera **um cara legal** au Brésil et... **um gajo bestial** au Portugal ! N'en concluez pas que les deux peuples s'envoient des noms d'oiseaux, au contraire, ils s'entendent très bien. De nos jours, les Portugais utilisent même de nombreux mots et expressions typiquement brésiliens comme **bagunça** (***pagaille***), **curtir** (***savourer***), **paquerar** (***draguer***)... et les Brésiliens adoptent des mots et expressions typiquement portugais comme **giro** (***chouette***) ou... **foleiro** (***ringard***), et bien d'autres mots encore plus sympathiques !

Tonique, l'accent !

En général, les Français comprennent mieux le portugais écrit que le portugais oral. Cela s'explique, entre autres, par la mobilité de l'accent : le français est une langue à accent fixe alors que le portugais est une langue à accent mobile. Dans un mot de plusieurs syllabes, il y en a toujours une prononcée avec plus d'intensité. On dit qu'elle porte l'accent tonique. En portugais, l'accent tonique peut prendre trois places, alors qu'en français il prend pratiquement toujours la même place, c'est-à-dire la dernière syllabe. Bon, nous n'entrerons pas ici dans un débat sur la flexibilité à la française...

En portugais, cet accent tonique est très important car il peut changer totalement non seulement la prononciation d'un mot, mais aussi sa signification : pais (***parents***) et país (***pays***), par exemple.

Pour dépasser cette petite difficulté, quelques astuces en exclusivité. Par exemple, c'est l'avant-dernière syllabe qui est normalement tonique si le mot est terminé par -a, -e, -o, -as, -es, -os, -am, -em, -ens : mesa (***table***), imagens (***images***), verdades (***vérités***), elogios (***éloges***), etc. Et c'est le cas de la majorité des mots portugais. C'est la dernière syllabe qui est tonique si le mot est terminé par -l, -n, -r, -x, -z : cantar (***chanter***), papel (***papier***), etc. Enfin, il existe de nombreux mots accentués sur l'antépénultième syllabe (avant-avant dernière syllabe pour ceux qui voyagent sans un dictionnaire) ou sur la première, en fait sur la syllabe qui porte l'accent : água (***eau***), mármore (***marbre***), contemporâneo (***contemporain***), etc. Bon, en gros, tendez l'oreille !

Cela dit, comme vous l'avez certainement compris, il ne faut pas non plus confondre accent tonique et accent graphique (ou accent écrit). Certains mots en portugais portent des accents graphiques qui, à première vue, peuvent dépayser. C'est le cas du tilde. Or, il suffit de savoir que le tilde ne sert qu'à nasaliser une voyelle ou une diphtongue : lã (***laine***) ; manhã (***matin***) ; irmão (***frère***) ; limão (***citron***) ; limões (***citrons***) ; mãe (***mère***) ; alemães (***allemands***)...

Ce peut-être aussi le cas de l'accent circonflexe. Celui-ci sert en général à fermer une voyelle : **pode** (***peut***) par opposition **pôde** (***a pu***) ; **cônsul** (***consul***) ; **francês** (***français***)…

Enfin, la cédille joue à peu près le même rôle qu'en français. Elle sert à rendre au « c » sa valeur de « c » quand il est à côté de toutes les voyelles, à l'exception de « e » et « i ». C'est comme ça qu'on distingue **França** (***France***) de **franca** (***franche***).

Bon, allez, au travail, d'autant qu'il existe bien d'autres règles à connaître... Et puis les séjours linguistiques, les correspondants ou encore Erasmus, c'est fait pour ça non ?

GRAMMAIRE

Les **articles** portugais s'accordent en genre et en nombre avec le nom :

	défini (le/la)		*indéfini* (un/une)	
	singulier	*pluriel*	*singulier*	pluriel
masculin	o	os	um	uns
féminin	a	as	uma	umas

Voici le résultat des contractions de l'article défini avec les prépositions a, de, em et por :

a + o = ao	a + os = aos
a + a = à	a + as = às
de + o = do	de + os = dos
de + a = da	de + as = das
em + o = no	em + os = nos
em + a = na	em + as = nas
por + o = pelo	por + os = pelos
por + a = pela	por + as = pelas

Les articles indéfinis peuvent être contractés avec les prépositions em et de, mais cette contraction n'est pas obligatoire :

em + um = num	de + um = dum
em + uma = numa	de + uma = duma

Il n'y a que deux genres en portugais. La plupart des **noms** qui se terminent par o sont masculins, tandis que ceux qui se terminent par a sont féminins ; la plupart des noms qui se terminent par ão sont masculins, tandis que ceux qui se terminent par ã sont féminins.

En règle générale, les noms forment le pluriel en ajoutant un s. Les noms qui se terminent par r, s ou z forment le pluriel en ajoutant es. Les noms qui se terminent en ão, selon le cas, peuvent former leur pluriel de trois façons différentes : mão → mãos, cão → cães, coração → corações

Les noms qui se terminent par un son nasal forment leur pluriel de la façon suivante : nuvem → nuvens, boletim → boletins, som → sons, jejum → jejuns

Les **adjectifs** s'accordent en genre et en nombre avec le nom qu'ils qualifient. Ils sont normalement placés après le nom :

a flor amarela	la fleur jaune
os limões amarelos	les citrons jaunes

Les adjectifs qui se terminent en o forment leur féminin en a. En général, les adjectifs qui se terminent en ão forment leur féminin en ã. Aux adjectifs qui se terminent en u, ês et or, on ajoute un a :

cru → crua　　português → portuguesa
acolhedor → acolhedora

Pour exprimer l'idée de supériorité, d'infériorité ou d'égalité, on utilise les formules comparatives mais/menos … do que …, … tão … como … :

o hotel Sol é mais confortável do que o hotel Lua
l'hôtel Sol est plus confortable que l'hôtel Lua
a comida é tão boa como a deste hotel
la cuisine est aussi bonne que celle de cet hôtel

Comme le nom l'indique, les **pronoms démonstratifs** montrent ou désignent des gens, des objets ou des animaux : este, esta, estes et estas s'utilisent quand la personne ou l'objet désigné est à notre portée ; esse, essa, esses, essas, aquele, aquela, aqueles et aquelas s'utilisent quand la personne ou l'objet désigné est un peu plus loin. Il existe également trois pronoms démonstratifs invariables : isto, isso et aquilo :

isto é uma maçã	ceci est une pomme
leia isso para amanhã	lisez cela pour demain
o que é aquilo além?	qu'est-ce que c'est là-bas ?

Pronoms possessifs

	mon/ma	ton/ta	son/sa	notre	votre	leur
masculin	meu	teu	seu/dele*	nosso	vosso	seu/deles*
féminin	minha	tua	sua/dela*	nossa	vossa	sua/delas*

*dele et dela s'utilisent surtout à l'oral. Par exemple, au lieu de a sua casa, on dit plutôt a casa dele.

este é o meu relógio	c'est ma montre
este é o teu livro	c'est ton livre
esta é a nossa casa	c'est notre maison

Pour former le pluriel, il suffit d'ajouter un s :

estes são os teus livros	ce sont tes livres

Comme en français, les **pronoms personnels** varient selon la fonction qu'ils occupent dans la phrase. On distingue les pronoms personnels sujet, complément d'objet direct (COD) et indirect (COI) :

	je	tu	il/elle	il (neutre)	nous	vous	ils/elles
sujet	eu	tu	ele/ela	ele	nós	vós	eles/elas
COD	me	te	o/a	o	nos	vos	os/as
COI	mim	ti	lhe/lhe	lhe	nós	vós	lhes/lhes

On emploie tu pour s'adresser à des amis, des parents ou à des enfants. Você, o senhor et a senhora sont utilisés lors d'un premier contact et avec des connaissances éloignées correspondant à la troisième personne (singulier ou pluriel) :

eu vou telefonar à Rita e perguntar-lhe se tu podes ir à festa de anos dela
je vais téléphoner à Rita et lui demander si tu peux venir à son anniversaire

você/o senhor é médico?	vous êtes médecin ?
os senhores moram em Lisboa?	vous habitez à Lisbonne ?

Après certaines prépositions, les pronoms personnels se contractent :

em + ele/ela = nele/nela
com + eu = comigo
com + tu = contigo
com + você/o senhor = consigo
com + nós = connosco
com + vós = convosco

Il n'y a pas de forme spécifique pour les pronoms **réfléchis** : selon le sujet, on utilise me, te, se, nos ou vos :

eu levanto-me cedo para ir ao museu
je me lève tôt pour aller au musée

Les pronoms personnels sujets sont souvent omis en portugais car la forme du **verbe** désigne la personne. Ex : almoço às 12h30 je déjeune à 12h30. Les verbes réguliers à l'infinitif terminent en -ar, -er ou -ir. Observez les terminaisons au présent de l'indicatif :

	andar	comer	partir
eu	ando	como	parto
tu	andas	comes	partes
ele/ela	anda	come	parte
nós	andamos	comemos	partimos
vós	andais	comeis	partis
eles/elas	andam	comem	partem

Il y a deux verbes être en portugais. Ser indique un état permanent, estar un état non permanent :

sou português	je suis français
estou em Paris	je suis à Paris

De même, il y a deux verbes avoir. Ter indique la possession, haver s'emploie surtout à la troisième personne pour traduire "il y a" :

tenho um carro	j'ai une voiture
há muito pouca gente no hotel	il y a très peu de gens à l'hôtel

Comme dans les autres langues, les verbes irréguliers en portugais devront être appris au fur et à mesure qu'ils apparaîtront. La conjugaison des verbes fazer faire, ir aller, pedir demander, poder pouvoir, querer vouloir, vous sera certainement utile :

	eu	tu	ele/ela	nós	vós	eles/elas
ser	sou	és	é	somos	sois	são
estar	estou	estás	está	estamos	estais	estão
ter	tenho	tens	tem	temos	tendes	têm
fazer	faço	fazes	faz	fazemos	fazeis	fazem
ir	vou	vais	vai	vamos	ides	vão
pedir	peço	pedes	pede	pedimos	pedis	pedem
poder	posso	podes	pode	podemos	podeis	podem
querer	quero	queres	quer	queremos	quereis	querem

Le **pretérito perfeito** et le **pretérito imperfeito** sont les temps du passé les plus utilisés. Le premier indique qu'une action est complètement réalisée (par opposition à une action inachevée), le second qu'une action est située dans le présent (par opposition à une action passée). Voici la conjugaison des verbes réguliers :

Pretérito perfeito

	andar	comer	partir
eu	andei	comi	parti
tu	andaste	comeste	partiste
ele/ela	andou	comeu	partiu
nós	andámos	comemos	partimos
vós	andastes	comestes	partistes
eles/elas	andaram	comeram	partiram

Pretérito imperfeito

	andar	comer	partir
eu	andava	comia	partia
tu	andavas	comias	partias
ele/ela	andava	comia	partia
nós	andávamos	comíamos	partíamos
vós	andáveis	comíeis	partíeis
eles/elas	andavam	comiam	partiam

… et de certains verbes irréguliers :

Pretérito perfeito

	eu	tu	ele/ela	nós	vós	eles/elas
ser	fui	foste	foi	fomos	fostes	foram
estar	estive	estiveste	esteve	estivemos	estivestes	estiveram
ter	tive	tiveste	teve	tivemos	tivestes	tiveram
fazer	fiz	fizeste	fez	fizemos	fizestes	fizeram
ir	fui	foste	foi	fomos	fostes	foram
pedir	pedi	pediste	pediu	pedimos	pedistes	pediram
poder	pude	pudeste	pôde	pudemos	pudestes	puderam
querer	quis	quiseste	quis	quisemos	quisestes	quiseram

Pretérito imperfeito

	eu	tu	ele/ela	nós	vós	eles/elas
ser	era	eras	era	éramos	éreis	eram
estar	estava	estavas	estava	estávamos	estáveis	estiveram
ter	tinha	tinhas	tinha	tínhamos	tínheis	tinham
fazer	fazia	fazias	fazia	fazíamos	fazíeis	faziam
ir	ia	ias	ia	íamos	íeis	iam
pedir	pedia	pedias	pedia	pedíamos	pedíeis	pediam
poder	podia	podias	podia	podíamos	podíeis	podiam
querer	queria	querias	queria	queríamos	queríeis	queriam

Au **futur** simple, les verbes réguliers se conjuguent de la façon suivante :

	andar	comer	partir
eu	andarei	comerei	partirei
tu	andarás	comerás	partirás
ele/ela	andará	comerá	partirá
nós	andaremos	comeremos	partiremos
vós	andareis	comereis	partireis
eles/elas	andarão	comerão	partirão

Pour former la **négation** en portugais, il suffit de placer não avant le verbe :

não conheço Lisboa — je ne connais pas Lisbonne

L'intonation suffit à transformer une phrase affirmative en phrase **interrogative** :

o quarto tem duas camas — la chambre a deux lits
o quarto tem duas camas? — la chambre a-t-elle deux lits ?

POUR TOUS LES JOURS

D'une façon générale, les Portugais sont assez formels et naturellement polis quand ils s'adressent aux autres. Ils utilisent les expressions **Senhor** ou **Senhora** / **Dona**, une formalité qui s'applique également aux titres professionnels que les Portugais, d'une certaine manière, survalorisent. Quand ils sont présentés à quelqu'un ils se serrent la main ; parmi les femmes et les jeunes une bise informelle sur chaque joue est habituelle. Ce sont surtout les plus jeunes qui s'adressent aux nouvelles connaissances par le prénom et se tutoient.

Formules de base

au revoir	até logo *âtè lògou*, adeus *âdéouj*
bonjour	bom dia *bon dia*, boa tarde *bôa tàrde*
d'accord	está bem *èsta bEM*
excusez-moi *(pour attirer l'attention)*	olhe *òLHe*, desculpe *dejkoulpe*
excusez-moi *(pour s'excuser)*	desculpe *dejkoulpe*
merci	obrigado(a) *obrigàdou(a)*
non	não *nÃO*
non, merci	não, obrigado(a) *nÃO, obrigàdou(a)*
ok	ok *òkèï*
oui	sim *cIM*
pardon (Monsieur/ Madame)	desculpe *dejkoulpe*
si	sim *cIM*
s'il te plaît	se fazes favor *ce fàzej fâvôr*
s'il vous plaît	se faz favor *ce fàj fâvôr*
à bientôt	até já *âtè jà*
à demain	até amanhã *âtè àmâgnin*
à plus tard	até mais logo *âtè màïj lògou*
bonne nuit	boa noite *bôa nôïte*
bonsoir	boa noite *bôa nôïte*

j'aimerais …
eu gostaria de…
éou goujtâria de ...

je voudrais …
eu queria…
éou keria ...

est-ce que tu veux … ?
queres…?
kèrej ... ?

où est … ?
onde é que é/está…?
onde è ke è/ejtà ... ?

est-ce qu'il y a un(e) … (ici) ?
(será que) há (aqui) um(a)…?
(cerà ke) à (âki) UM(ouma) ... ?

qu'est-ce que c'est ?
o que é (que é)?
ou ke è (ke è) ?

pourquoi … ?
porquê...?
pourké ... ?

nous aimerions …
nós gostaríamos de…
nòj goujtâriamouj de ...

nous voudrions…
nós queríamos…
nòj keriamouj ...

est-ce que vous voulez … ?
quer(em)…?
kèr(EM) ... ?

où sont … ?
onde é que são/estão…?
onde è ke çÃO/ejtÃO ... ?

c'est combien ?
quanto é que é?
kointou è ke è ?

comment … ?
como…?
kômou ... ?

quand … ?
quando…?
koindou ... ?

est-ce que vous parlez français ?
fala(m) francês?
fàla(AM) fricéj ?

comment ça se dit en portugais ?
como é que isso se diz em português?
kômou è ke issou ce dij EM pourtouguéj ?

où sont les toilettes, s'il vous plaît ?
se faz favor, onde é que são as casas de banho?
ce fàj fâvôr, onde è ke çÃO âj càzaj de bâgnou ?

comment allez-vous ?
como está(ão)?
kômou ejtà(AO) ?

très bien, merci, et vous-même ?
bem, obrigado(a), e você/o senhor/a senhora?
bEM, obrigàdou(a), i vòcé/ou segnôr/a segnôra ?

POUR TOUS LES JOURS

salut, ça va ?
olá, tudo bem?
òlà, toudou bEM ?

ça va, et toi ?
tudo bem, e tu?
toudou bEM, i tou ?

je suis (vraiment) désolé
lamento (mesmo) imenso
lâmENtou (méjmou) imENçou

merci beaucoup
muito obrigado(a)
mouïtou obrigàdou(a)

il n'y a pas de quoi
não tem de quê
nÃO tEM de ké

ah bon ?
a sério?
a cèriou ?

merde !
merda!
mèrda !

Comprendre

aberto	ouvert
a pagar	payant
cuidado	attention
entrada	entrée
entrada livre	entrée libre
fechado	fermé
grátis	gratuit
proibido	défense de …
reservado	réservé
saída	sortie
WC (homens)	toilettes (hommes)
WC (senhoras)	toilettes (femmes)

há…
il y a …

bem vindo(a)
bienvenue

importa(m)-se que…?
ça vous dérange si … ?

um momento, se faz favor
un moment, s'il vous plaît

não se quer(em) sentar?
asseyez-vous, je vous en prie

Problèmes de compréhension

S'exprimer

vous pouvez répéter ?
não se importa(m) de repetir?
nÃO ce IMpòrta(AM) de repetir ?

est-ce que vous pourriez parler plus lentement ?
será que podia(m) falar mais devagar?
cerà ke poudia(AM) fâlàr màïj devâgàr ?

je ne comprends pas
não estou a compreender
nÃO ejtô â kompriENdér

je comprends un petit peu
compreendo um bocadinho
kompriENdou UM boukâdignou

je ne comprends rien
não compreendo nada
nÃO kompriENdou nàda

je n'ai pas compris
não percebi
nÃO percebi

j'arrive à comprendre le portugais mais je ne peux pas le parler
consigo compreender o português, mas não o consigo falar
koncigou kompriENdér ou pourtouguéj, mâj nÃO ou koncigou fâlàr

je parle à peine le portugais
falo muito pouco o português
fàlou mouïtou pôkou ou pourtouguéj

j'ai du mal à comprendre/parler
tenho dificuldades em compreender/falar
tègnou difikouldàdej EM kompriENdér/fâlàr

est-ce que vous parlez français ?
fala(m) francês?
fàla(AM) fringéj ?

pardon ?
desculpe?
dejkoulpe ?

quoi ?
o quê?
ou ké ?

hein ?
diga?
diga ?

comment est-ce qu'on dit … en portugais ?
como é que se diz…em português?
kômou è ke ce dij ... EM pourtouguéj ?

comment ça s'écrit ?
como é que isso se escreve?
kômou è ke issou ce ejkrève ?

comment on appelle ça ?
como é que se chama isto?
kômou è ke ce châma ijtou ?

est-ce que vous pourriez l'écrire ?
será que o podia escrever?
cerà ke ou poudia ejkrevér ?

qu'est-ce qui se passe ?
o que é que se passa?
ou ke è ke ce pàssa?

Comprendre

compreende(m) o português?
est-ce que vous comprenez le portugais ?

isso escreve-se...
ça s'écrit …

quer dizer...
ça veut dire …

é uma espécie de...
c'est une sorte de …

Parler de la langue

S'exprimer

j'ai appris quelques mots avec un bouquin
aprendi algumas palavras num livro
âprENdi àlgoumaj pâlàvraj nUM livrou

j'en avais fait à l'école mais j'ai tout oublié
estudei-o na escola, mas já esqueci tudo
ejtoudéï-ou nâ ejkòla, mâj jà ejkèci toudou

je me débrouille à peu près
dá para me ir desenrascando
dà pâra me ir desENrrajkindou

je ne sais presque rien
não sei quase nada
nÃO céï kouàze nàda

il y a des sons difficiles à prononcer
há sons difíceis de pronunciar
à çonj dificéïj de prounUNciàr

je connais les bases mais pas plus
conheço as bases, mas mais nada
kougnéçou âj bàzej, mâj màïj nàda

je trouve ça difficile
acho que é difícil
àchou ke è dificil

ça ressemble pas mal au français
é bastante parecido com o francês
è bâjtinte pârecidou kon ou fríncéj

ça aide de connaître un peu l'espagnol
saber um pouco de espanhol ajuda
çâbér UM pôkou de ejpâgnòl âjouda

les gens parlent tellement vite
as pessoas falam tão/muito depressa
âj peçôaj fàlAM tÃO/mouïtou deprèça

Comprendre

não tem/têm quase pronúncia nenhuma
vous n'avez pas beaucoup d'accent

acho que te desenrascas muito bem
je trouve que tu te débrouilles très bien

falas muito bem
tu parles très bien

Demander son chemin

S'exprimer

excusez-moi, où est …, s'il vous plaît ?
desculpe(m), onde é…, se faz favor?
dejkoulpe(EM), onde è ..., ce fàj fâvôr?

…, c'est par où ?
…, onde é que é?
..., onde è ke è ?

je cherche …
estou à procura do(a)…
ejtô à pròkoura dou(a) ...

est-ce que vous pouvez me dire comment aller à … ?
será que me podia(m) dizer como é que vou para…?
cerà ke me poudia(AM) dizér kômou è ke vô pâra … ?

quelle est la route pour … ?
qual é a estrada para…?
kouàl è â ejtràda pâra … ?

est-ce que vous pourriez me montrer sur le plan ?
será que me podia(m) mostrar no mapa?
cerà ke me poudia(AM) moujtràr nou màpâ ?

est-ce qu'il y a un plan de la ville quelque part ?
onde posso encontrar um mapa da cidade?
onde pòçou ENkontràr UM màpa dâ cidàde ?

je suis complètement/un peu perdu
estou completamente/um bocado perdido
ejtô complètamENte/UM boukàdou perdidou

je me suis perdu
perdi-me
perdi-me

c'est loin ?
é longe?
è longe ?

je crois que je me suis trompé
creio que me enganei
kréïou ke me ENganéï

Comprendre

continuar	continuer
descer	descendre
direita	droite
esquerda	gauche
seguir	suivre
(sempre) em frente	tout droit
subir	monter
virar	tourner
voltar para trás	faire demi-tour

está(ão) a pé ou de carro?
vous êtes à pied ou en voiture ?

fica a cinco minutos a pé/de carro
c'est à 5 minutes à pied/en voiture

é a segunda rua à direita
c'est la deuxième rue à droite

vai/vão pela primeira rua à esquerda depois do semáforo
prenez la première rue à gauche après le feu

saia(m) na próxima saída
prenez la prochaine sortie

vá(ão)/continue(m) em frente até encontrar um grande prédio branco
allez/continuez tout droit jusqu'à un grand bâtiment blanc

é pertinho/bastante longe/por aqui
c'est tout près/assez loin/dans le coin

é mesmo ali/depois do cruzamento
c'est juste là/après le carrefour

vê/vêem logo, está indicado
vous verrez, c'est indiqué

já está(ão) quase lá. Está(ão) a ver o sinal/a placa verde? É em frente
vous y êtes presque, vous voyez le panneau vert, c'est en face

venha(m) atrás de mim que eu indico-lhe(s)
suivez-moi, je vais vous y conduire *(en voiture)*

venha(m) comigo que eu indico-lhe(s)
suivez-moi, je vais vous y conduire *(à pied)*

FAIRE CONNAISSANCE

Pour commencer

adorer	adorar *âdouràr*
aimer *(apprécier)*	gostar de *goujtàr de*
beau	bonito *bounitou*
bien	bem *bEM*
bon marché	barato *bâràtou*
cher	caro *kàrou*
détester	detestar *detejtàr*
intéressant	interessante *INterecinte*
magnifique	espectacular *ejpètakoulàr*
nul	não vale nada *nÃO vàle nàda*
ok	ok *òkéï*
pas mal	não está mal *nÃO ejtà màl*
super	porreiro *pourréïrou*
très bien	muito bem *mouïtou bEM*
vacances	férias *fèriaj*

Se présenter, parler de soi

S'exprimer

je m'appelle …, et toi ?
(eu) chamo-me…e tu?
(éou) châmou-me ... i tou ?

… et vous ?
…e você/o senhor/a senhora?
... i vòcé/ou segnôr/a segnôra ?

comment t'appelles-tu ?
como é que tu te chamas?
kômou è ke tou te châmaj ?

comment vous appelez-vous ?
como é que se chama(m)?
kômou è ke ce châma(AM) ?

tu es d'ici ?
tu és de cá?
tou èj de kà ?

je viens de …
venho de…
végnou de ...

je te présente …
apresento-te…
âprezENtou-te ...

(enchanté,) moi c'est …
muito gosto, eu sou…
mouïtou gôjtou, éou çô ...

je suis français
eu sou francês
éou çô fríncéj

je suis française
eu sou francesa
éou çô frincéza

quel âge as-tu ?
que idade tens?
ke idàde tENj ?

j'ai 22 ans
tenho 22 anos
tégnou vINte i dôïj ânouj

qu'est-ce que vous faites dans la vie ?
o que é que faz(em)?
ou ke è ke fàj(fàzEM) ?

tu es étudiant ?
és estudante?
èj ejtoudinte ?

je fais des études d'économie
estou a estudar economia
ejtô â ejtoudàr icònoumia

je travaille
estou a trabalhar
ejtô â trâbaLHàr

tu travailles dans quoi ?
em que é que trabalhas?
EM ke è ke trâbàLHaj ?

je suis prof
sou professor(a)
çô proufeçôr(a)

je suis à la retraite
estou reformado(a)
ejtô refourmàdou(a)

je travaille dans le marketing
trabalho em marketing
trâbàLHou EM màrketINgue

moi aussi
eu também
éou tinbEM

j'ai deux enfants, un de 3 ans et l'autre de 9 ans
tenho dois filhos, um com três e outro com nove anos
tégnou dôïj fiLHouj, UM kon tréj ânouj i ôtrou kon nòve ânouj

ils ont quel âge ?
que idade é que eles têm?
ke idàde è ke élej tÊM ?

est-ce que vous êtes déjà allé en France ?
já foi a França?
jà fôï â frinça ?

Comprendre

o senhor é francês/vocês são franceses?
vous êtes français ?

temos cá uma casa para o Verão
nous avons une maison ici pour l'été

conheço bem a França
je connais bien la France

tenho família em França
j'ai de la famille en France

gostava imenso de conhecer Paris
j'aimerais beaucoup connaître Paris

Parler de son séjour

S'exprimer

je suis arrivé il y a 3 jours
cheguei há três dias
cheguéï à tréj diaj

on est arrivés il y a 3 jours
chegámos há três dias
chegàmouj à tréj diaj

c'est la première fois que je viens
é a primeira vez que venho
è â priméïra véj ke végnou

je ne suis ici que pour 3 jours
só cá vou estar três dias
çò kà vô ejtàr tréj diaj

nous ne sommes ici que pour 3 jours
só cá vamos estar três dias
çò kà vâmouj ejtàr tréj diaj

je suis seulement de passage ici
estou aqui só de passagem
ejtô âki çò de pâçàgEM

on est venus pour notre anniversaire de mariage
viemos para festejar o nosso aniversário de casamento
vièmouj pâra fejtejàr ou nòçou âniverçàriou de kâzâmENtou

c'est notre lune de miel
estamos em lua de mel
ejtâmouj EM loua de mèl

je suis venu rejoindre des amis
vim ter com uns amigos
vIM tér kon UNj âmigouj

je visite la région
ando a conhecer/visitar a região
indou â kougnecér/vizitàr â regiÃO

je suis venu avec une amie
vim com uma amiga
vIM kon ouma âmiga

je suis en vacances
estou de férias
ejtô de fèriaj

je suis ici pour mon travail
estou aqui por motivos profissionais
ejtô âki pour moutivouj prouficiounàïj

on m'a conseillé d'aller à …
aconselharam-me a ir a…
akonceLHàrAM-me â ir â ...

j'ai l'intention d'aller à …
tenciono ir a…
tENciônou ir â ...

Comprendre

um bom resto de estadia! bonne fin de séjour !
boa continuação! bonne continuation !
até à próxima! à une prochaine !

é a primeira vez que cá vem/vêm?
c'est la première fois que vous venez ici ?

há quanto tempo é que cá estás?
ça fait combien de temps que tu es ici ?

está(ão) a gostar?
ça vous plaît ?

tenha(m) umas boas férias
passez de bonnes vacances

já foi/foram ver…?
vous avez déjà été visiter … ?

Garder contact

S'exprimer

on reste en contact, hein ?
podemo-nos manter em contacto, não?
poudémou-nouj mintér EM kontàktou, nÃO ?

je peux te donner mon adresse e-mail
posso-te dar o meu e-mail
pòçou-te dàr ou méou i-méïl

voilà mes coordonnées en France, si vous passez un jour
está aqui a minha direcção em França, para o caso de por lá passar(em) um dia
ejtà âki â migna dirèçÃO EM frinça, pâra ou kàzou de pour là pâçàr(EM) UM dia

Comprendre

dás-me a tua direcção/morada?
tu me donnes ton adresse ?

tem/têm algum e-mail?
est-ce que vous avez une adresse e-mail ?

são sempre bem vindos
vous êtes toujours les bienvenus

Échanger ses impressions

S'exprimer

c'est une bonne idée, pourquoi pas ?
boa ideia, porque não?
bôa idèïa, pourke nÃO ?

c'est génial
é espectacular
è ejpètakoulàr

c'était génial
foi espectacular
fôï ejpètakoulàr

j'aime beaucoup ...
gosto muito de...
gòjtou mouïtou de ...

je n'aime pas beaucoup ...
não gosto muito de...
nÃO gòjtou mouïtou de ...

j'adore ...
gosto imenso...
gòjtou imENçou ...

j'aimerais bien ...
gostava muito...
goujtàva mouïtou ...

je trouve ça ...
acho isso...
àchou içou ...

je suis d'accord
(eu) estou de acordo
(éou) ejtô de âkôrdou

je ne sais pas
não sei
nÃO céï

ça ne me dit pas trop
não me apetece lá muito
nÃO me âpetèce là mouïtou

ça a un drôle de goût
tem um gosto estranho
tEM UM gôjtou ejtrâgnou

c'est un attrape-touristes
é um chamariz para turistas
è UM châmarij pâra tourijtaj

il y a trop de monde
tem gente a mais
tEM gENte â màïj

j'ai beaucoup aimé ...
gostei muito de...
goujtéï mouïtou de ...

ça me plaît
eu gosto
éou gòjtou

j'ai adoré ...
gostei imenso...
goujtéï imENçou ...

j'aurais bien aimé ...
teria gostado muito...
teria goujtàdou mouïtou ...

j'ai trouvé ça ...
achei aquilo...
âchéï âkilou ...

je ne suis pas d'accord
(eu) não concordo
(éou) nÃO konkòrdou

ça m'est égal
para mim é igual
pâra mIM è igouàl

ça m'énerve
isto/isso enerva-me
ijtou/içou inèrva-me

c'est de l'arnaque
é uma aldrabice
è ouma àldrâbice

c'est très animé le soir
tem muita animação à noite
tEM mouïta ânimaçÃO à nôïte

il y avait beaucoup de monde
havia muita gente
âvia mouïta gENte

je me suis ennuyé à mourir
aborreci-me imenso
âbourreci-me imENçou

on s'est bien amusés
divertimo-nos imenso
divertimou-nouj imENçou

je n'ai pas compris grand-chose
não percebi quase nada
nÃO percebi kouaze nàda

il y avait une super bonne ambiance
o ambiente era espectacular
ou inbiENte èra ejpètakoulàr

j'ai rencontré des gens très sympas
encontrei pessoas muito simpáticas
ENkontréï peçôaj mouïtou cIMpàtikaj

on a trouvé un petit hôtel très sympa
encontrámos um pequeno hotel muito agradável
ENkontràmouj UM pekénou òtèl mouïtou âgradàvèl

Comprendre

gostas de…?
est-ce que tu aimes … ?

apetece-te…?
ça te dit de … ?

gostaste?
ça t'a plu ?

é uma região muito bonita
c'est une très belle région

vale bem o desvio
ça vaut le détour

podíamos…
on pourrait …

e se nós…?
et si on … ?

não tem nada de especial
ça n'a rien d'exceptionnel

devia(m) lá ir
vous devriez y aller

é melhor ir lá durante a semana, há menos gente
il vaut mieux y aller en semaine, il y a moins de monde

não pode(m) deixar de provar…
il faut absolument que vous goûtiez …

Parler du temps qu'il fait

S'exprimer

quelles sont les prévisions météo pour demain ?
quais são as previsões meteorológicas para amanhã?
kouàïj çÃO âj previzÕEj meteouroulògikaj pâra àmâgnin ?

il va faire mauvais
vai estar mau (tempo)
vàï ejtàr màou (tEMpou)

quel sale temps !
que tempo horrível!
ke tEMpou ourrivèl !

il a fait un temps magnifique
o tempo esteve óptimo
ou tEMpou ejtéve òtimou

il a fait plus de 35 (degrés)
esteve mais de 35 graus
ejtéve màïj de trINta i cINkou gràouj

il fait froid le soir
à noite está frio
à nôïte ejtà friou

il va faire beau
vai estar bom (tempo)
vàï ejtàr bon (tEMpou)

on a de la chance avec le temps
temos sorte com o tempo
témouj çòrte kon ou tEMpou

il fait vraiment chaud
está mesmo calor
ejtà méjmou kâlôr

quelle belle journée, hein ?
que rico dia!
ke rikou dia !

il fait humide
o tempo está húmido
ou tEMpou ejtà oumidou

Comprendre

parece que vai chover
il risque de pleuvoir

eles deram bom tempo para toda a semana
ils ont prévu du beau temps pour toute la semaine

Quelques expressions familières

está um frio de rachar il fait un froid de canard
está um forno il fait une chaleur à crever
está um tempo horrível il fait un temps pourri

VOYAGER, SE DÉPLACER

Pour commencer

aéroport	aeroporto *âèròpôrtou*
aller-retour	(bilhete de) ida e volta *(biLHéte de) ida i vòlta*
aller simple	(bilhete) só de ida *(biLHéte) çò de ida*, bilhete simples *biLHéte cIMplej*
arrêt de bus	paragem de autocarro *pâràgEM de àoutòkàrrou*
autoroute	auto-estrada *àoutò-ejtràda*
avion	avião *âviÃO*
bagages	bagagens *bâgàgENj*
bateau	barco *bàrkou*
billet	bilhete *biLHéte*
bus	autocarro *àoutòkàrrou*
car	autocarro *àoutòkàrrou*, carreira *kârréïra*
carte	mapa *màpa*
centre-ville	centro (da cidade) *cENtrou (dâ cidàde)*
consigne	depósito de bagagem *depòzitou de bâgàgEM*
embarquement	embarque *EMbàrke*
enregistrement	registo (de bagagens) *regijtou (de bâgàgENj)*
enregistrer	fazer o check-in *fâzér ou chèke-ine*
ferry	ferry *fèri*
gare	estação *ejtâçÃO*
gare routière	estação rodoviária *ejtâçÃO ròdòviària*, central de camionagem *cENtràl de kàmiounàgEM*
horaires	horários *òràriouj*
louer	alugar *âlougàr*
métro	metro *mètrou*
navette	navette de transporte *nàvète de trinjpòrte*
passeport	passaporte *pâçapòrte*
plan	plano *plânou*, mapa *màpa*
porte	porta *pòrta*

quai	linha *ligna*
réserver	reservar *rezervàr*
route	estrada *ejtràda*
rue	rua *roua*
station de métro	estação de metro *ejtâçÃO de mètrou*
taxi	táxi *tàkci*
terminal	terminal *terminàl*
ticket	bilhete *biLHéte*
train	comboio *konbòïou*
tramway	eléctrico *ilètrikou*
voiture	carro *kàrrou*
vol	voo *vôou*

S'exprimer

où est-ce que je peux acheter des billets ?
onde é que posso comprar bilhetes?
onde è ke pòçou konpràr biLHétej ?

un billet pour ...
um bilhete para...
UM biLHéte pâra ...

je voudrais réserver un billet
eu queria reservar um bilhete
éou keria rezervàr UM biLHéte

combien coûte un billet pour ... ?
quanto é que custa um bilhete para...?
kointou è ke koujta UM biLHéte pâra ... ?

est-ce qu'il y a des réductions pour les étudiants ?
há desconto para estudantes?
à dejkontou pâra ejtoudintej ?

est-ce que vous auriez un dépliant avec les horaires ?
será que tem um desdobrável com os horários?
cerà ke tEM UM dejdoubràvèl kon ouj òràriouj ?

est-ce qu'il vous reste des places pour ... ?
ainda há lugares para...?
âINda à lougàrej pâra ... ?

il n'y en a pas plus tôt/tard ?
não há nenhum mais cedo/tarde?
nÃO à negnUM màïj cédou/tàrde ?

combien de temps dure le voyage ?
quanto tempo é que dura a viagem?
kointou tEMpou è ke doura â viàgEM ?

est-ce que cette place est libre ?
este lugar está vago/livre?
éjte lougàr ejtà vàgou/livre ?

désolé, il y a déjà quelqu'un
desculpe, já aí está uma pessoa
dejkoulpe, jà âï ejtà ouma peçôa

Comprendre

Abréviations

CP Caminhos-de-Ferros Portugueses	Chemins de fer portugais
TAP Tap Air Portugal	Compagnie aérienne
CARRIS Companhia Carris de Ferro de Lisboa, AS	Bus et tramways de Lisbonne
STCP – Sociedade de Transportes Colectivos do Porto	Bus de Porto
ML – Metropolitano de Lisboa	Métro de Lisbonne
Fertagus – Travessia do Tejo, Transportes, AS	Traversée ferroviaire du Tage
Transtejo – Transportes Tejo AS	Traversée en bateau du Tage

atrasado	retardé
cancelado	annulé
chegadas	arrivées
correspondências	correspondances
entrada	entrée
entrada proibida	entrée interdite
informações	renseignements
partidas	départs
saída	sortie
toilettes	toilettes
WC (das) mulheres	toilettes pour femmes
WC (dos) homens	toilettes pour hommes
está tudo completo	tout est complet

En avion

ⓘ La compagnie **TAP** assure plusieurs vols quotidiens à destination de Lisbonne, Porto et Faro (Algarve), ainsi que des vols vers Funchal (Madère), Ilha Terceira (Açores) et Faial (Horta - Açores). La compagnie **SATA** dessert les Açores, Funchal et le Continent. **Portugália** n'assure que des vols intérieurs. Le nombre et le prix des vols varient selon la période de l'année (plus élevés à Noël et pendant l'été).

S'exprimer

où est l'enregistrement des bagages pour Air France ?
onde é que se faz o check-in/registo da bagagem da Air France?
onde è ke ce fàj ou chèke-ine/regijtou dâ bâgàgEM dâ air france ?

une valise et un bagage à main
uma mala e um saco de mão
ouma màlâ i UM çàkou de mÃO

à quelle heure embarque-t-on ?
a que horas é o embarque?
â ke òraj è ou EMbàrke ?

je voudrais confirmer mon vol de retour
gostaria de confirmar o meu voo de regresso
goujtâria de konfirmàr ou méou vôou de regrèçou

il me manque une valise
falta-me uma mala
fàltâ-me ouma màla

j'ai raté ma correspondance
perdi a correspondência
perdi â kourrejpondENcia

mes bagages ne sont pas arrivés
a minha bagagem não chegou
â migna bâgàgEM nÃO chegô

l'avion a eu 2 heures de retard
o avião teve duas horas de atraso
ou âviÃO téve douaj òrâj de âtràzou

j'ai oublié quelque chose dans l'avion
esqueci-me de uma coisa no avião
ejkèci-me de ouma kôïza nou âviÃO

je voudrais faire une déclaration de perte pour mes bagages
gostaria de fazer uma participação de perda de bagagens
goujtâria de fâzér ouma pârticipâçÃO de pérdâ de bâgàgENj

Comprendre

alfândega	douane
check-in da bagagem	enregistrement des bagages
embarque (imediato)	embarquement (immédiat)
levantamento da bagagem	retrait des bagages
mercadoria a declarar	marchandises à déclarer
nada a declarar	rien à déclarer
registo da bagagem	enregistrement des bagages
sala de embarque	salle d'embarquement
voos internos	vols intérieurs

queira(m) aguardar na sala de embarque
veuillez patienter dans la salle d'embarquement

um lugar do lado da janela ou do corredor?
une place côté hublot ou côté couloir ?

tem/têm uma correspondência em…
vous avez une correspondance à …

que bagagem é que tem/têm?
combien de bagages avez-vous ?

dirija(m)-se para a porta…
veuillez vous rendre à la porte …

tem/têm um excesso de quinze kg
vous avez un excédent de 15 kilos

aqui está o seu cartão de embarque
voilà votre carte d'embarquement

ligue(m) para este número para saber se a sua/vossa bagagem chegou
appelez ce numéro pour savoir si vos bagages sont arrivés

En train, car, bus, métro, tramway

Les prix des trains sont peu élevés en comparaison du reste de l'Europe. Jusqu'à 4 ans, les enfants voyagent gratuitement et bénéficient d'un demi-tarif de 4 à 11 ans. Il y a des promotions pour les groupes (à partir de 10 personnes), les étudiants et les retraités. Les voyages en deuxième classe sont 40 pour cent moins chers qu'en première classe. Si vous avez l'intention de faire de nombreux voyages, vous pouvez acheter un ticket touristique valable pour un nombre illimité de voyages pendant 7, 14 ou 21 jours consécutifs (soumis à réservation préalable). Pour des voyages à l'intérieur du Portugal, le **pass Euro domino** vous permet de bénéficier de tarifs intéressants pour des voyages limités à 3, 4, 5, 6, 7 ou 8 jours dans une période d'un mois, avec des prix réduits pour ceux qui ont moins de 26 ans. Les tickets sont en vente aux guichets des gares. Les **Alfas** correspondent aux trains rapides (ligne Lisbonne – Porto) et les **Intercidades** assurent la liaison entre les principales villes.

Le métro de Lisbonne a 4 lignes qui couvrent le centre et la banlieue et fonctionne de 6h30 à 1h du matin. Des carnets de 10 tickets, des forfaits pour la journée, des tickets aller-retour ou pour 2 voyages sont disponibles aux guichets. On vous propose également des pass touristiques valables pour 4 ou 7 jours dans tous types de transports publics.

Les bus sont un petit peu plus chers que le métro. Les tickets peuvent être achetés (dans ce cas un peu plus cher) auprès du chauffeur. Il existe des formules pour 1 ou 3 jours ou des tickets pour 2 voyages.

S'exprimer

est-ce que je peux avoir un plan du métro ?
será que me podia arranjar um mapa do metro?
cerà ke me poudia ârrinjàr UM màpa dou mètrou ?

à quelle heure est le prochain train pour … ?
a que horas é o próximo comboio para…?
â ke òraj è ou pròcimou konbòïou pâra ... ?

à quelle heure part le dernier train ?
a que horas parte o último comboio?
â ke òraj pàrte ou oultimou konbòïou ?

de quel quai part le train pour … ?
de que linha parte o comboio para…?
de ke ligna pàrte ou konbòïou pâra ... ?

où est-ce que je peux prendre un bus pour … ?
onde é que posso apanhar um autocarro para…?
onde è ke pòçou âpagnàr UM àoutòkàrrou pâra ... ?

quelle ligne dois-je prendre pour … ?
qual é a linha que devo apanhar para…?
koil è â ligna ke dévou âpagnàr pâra ... ?

c'est bien l'arrêt pour … ?
é esta a paragem para…?
è èjta â pâràgEM pâra ... ?

j'ai raté mon train
perdi o meu comboio
perdi ou méou konbòïou

c'est bien d'ici que part le car pour … ?
é daqui que parte o autocarro para…?
è dâki ke pàrte ou àoutòkàrrou pâra ... ?

pourriez-vous me dire quand il faut descendre ?
será que me podia(m) dizer quando é que devo descer?
cerà ke me poudia(AM) dizér koindou è ke dévou dejcér ?

Comprendre

acesso às linhas	accès aux quais
bilheteira	billetterie
mensal	mensuel
para o próprio dia	pour la journée
partidas durante o dia	départs dans la journée
reservas	réservations
semanal	hebdomadaire

há uma paragem um pouco mais à frente à direita
il y a un arrêt juste un peu plus loin à droite

pague(m) com a quantia exacta, por favor
faites l'appoint, s'il vous plaît

tem/têm uma mudança em…
vous avez un changement à …

faltam duas paragens
dans 2 arrêts

tem/têm de apanhar o autocarro nº...
vous devez prendre le bus n°...

este comboio pára nas estações de...
ce train dessert les gares de ...

En voiture

Pour se déplacer en voiture au Portugal, il faut être en mesure de produire passeport, permis de conduire (permis international ou permis de conduire du pays d'origine), carte grise ou documents de la location et attestation d'assurance. Il est parfois difficile de trouver une place pour se garer dans le centre des grandes villes, cependant de nombreux parkings souterrains sont en construction. Toutes les autoroutes sont à péages, ainsi que le Pont 25 de Abril et le Pont Vasco da Gama. À l'entrée des péages, une "voie verte" est réservée aux adhérents au système électronique de paiement automatique. Attention : quelques-unes des routes nationales sont en assez mauvais état. L'essence est relativement chère. La ceinture de sécurité est obligatoire à l'avant et à l'arrière et la vitesse est limitée à 50 km/h en agglomération, 90 km/h sur route et 120 km/h sur autoroutes.

Le taxi est un moyen de transport relativement bon marché. Les anciens véhicules sont noirs à toit vert, les plus récents sont beiges. Si vous vous déplacez hors du périmètre urbain, le prix de la course étant calculé selon un barème kilométrique, il vaut mieux convenir du prix avant. Il y a un supplément pour les bagages et les tarifs sont majorés les samedis, dimanches et jours fériés. Les voyants lumineux sur le toit indiquent le tarif : un seul voyant allumé signale le tarif de jour, deux lumières indiquent le tarif de nuit. Le voyant central indique si le taxi est libre.

S'exprimer

où est-ce que je peux trouver une station-service ?
onde é que posso encontrar uma estação de serviço?
onde è ke pòçou ENkontràr ouma ejtâçÃO de cerviçou ?

le plein de sans-plomb, s'il vous plaît
é para atestar com gasolina sem chumbo, se faz favor
è pâra âtejtàr kon gâzoulina cEM chUMbou, ce fàj fâvôr

on a été bloqués dans un embouteillage
ficámos parados/retidos num engarrafamento
fikàmouj pâràdouj/retidouj nUM ENgârrafâmENtou

est-ce qu'il y a un garage par ici ?
será que há uma oficina por aqui (perto)?
cerà ke à ouma òficina pour âki (pèrtou)?

pourriez-vous m'emmener à la station-service la plus proche?
será que me podia(m) levar à estação de serviço mais próxima?
cerà ke me poudia(AM) levàr à ejtâçÃO de cerviçou màïj pròcima ?

pouvez-vous nous aider à pousser ?
será que nos podia(m) ajudar a empurrar?
cerà ke nouj poudia(AM) âjoudàr â EMpourràr ?

la batterie est morte
a bateria está descarregada
â bâteria ejtà dejcârregàda

je suis tombé en panne
tive uma avaria
tive ouma âvâria

nous sommes en panne d'essence
ficámos sem gasolina
fikàmouj cEM gâzoulina

j'ai crevé
tive um furo
tive UM fourou

nous venons d'avoir un accident
acabámos de ter um acidente
âkâbàmouj de tér UM âcidENte

j'ai perdu les clés de ma voiture
perdi as chaves do carro
perdi aj chàvej dou kàrou

ça va prendre combien de temps à réparer?
quanto tempo é que vai levar a reparar?
kointou tEMpou è ke vàï lèvàr â repâràr ?

Location de voiture

je voudrais louer une voiture pour une semaine
queria alugar um carro por uma semana
keria âlougàr UM kàrrou pour ouma semâna

une voiture à boîte de vitesses automatique
um carro com mudanças automáticas
UM kàrrou kon moudinçaj àoutoumàticaj

je voudrais prendre une assurance tous risques
queria fazer um seguro contra todos os riscos
keria fâzér UM cegourou kontra tôdouj ouj rijkouj

En taxi

je voudrais aller à …
queria ir para…
keria ir pâra ...

je voudrais un taxi pour 8 heures
queria um táxi para as oito horas
keria UM tàkci pâra âj ôïtou òraj

vous pouvez m'arrêter ici, merci
pode-me deixar aqui, obrigado(a)
pòde-me déïchàr âki, obrigàdou(a)

combien ça va me coûter pour aller à l'aéroport ?
em quanto é que fica ir até ao aeroporto?
EM kointou è ke fica ir âtè àou âèròpôrtou ?

En auto-stop

je vais à …
vou para…
vô pâra ...

est-ce que vous pourriez me déposer ici ?
será que me podia(m) deixar aqui?
cerà ke me poudia(AM) déïchàr âki ?

merci de m'avoir emmené
obrigado(a) por me ter trazido
obrigàdou(a) pour me tér trâzidou

on est venus en stop
viemos à boleia
vièmouj à bouléïa

Comprendre

aluguer de viaturas	location de voitures
completo	complet
conserve(m) o seu/vosso bilhete	conservez votre ticket
outras direcções	autres directions
parque de estacionamento	parking
proibido estacionar	stationnement interdit
reduza a velocidade	ralentissez
todas as direcções	toutes directions

preciso da sua carta de condução, de um documento de identificação, de um comprovativo de residência e do seu cartão de crédito
il me faut votre permis de conduire, une pièce d'identité, un justificatif de domicile et votre carte de crédit

a caução é de 300 euros
la caution est de 300 euros

está bem, suba(m), vou levá-lo(s) até...
c'est bon, montez, je vais vous avancer jusqu'à ...

En bateau

À Lisbonne, il y a plusieurs gares fluviales pour les bacs et ferries qui desservent les villes industrielles de la rive opposée du Tage. Les départs ont lieu environ toutes les 15 minutes en journée. Les billets sont en vente dans les guichets de ces gares. Si vous voulez vous promener sur le fleuve, des croisières sur le Tage d'environ 2 heures sont proposées. Plus au Nord, vous pouvez découvrir la navigation touristique sur le Douro, avec des croisières à thèmes (vendanges, amandiers en fleur etc.).

S'exprimer

combien de temps dure la traversée ?
quanto tempo é que leva a travessia?
kointou tEMpou è ke lèva â trâvecia ?

j'ai le mal de mer
estou enjoado
ejtô ENjouàdou

Comprendre

passageiros sem viatura passagers sans véhicule
próxima partida à(s)... prochain départ à ...

a joaninha
o papagaio
a mosca
a melga
a borboleta
a aranha
o periquito
a abelha
o peixe-vermelho
o rato
o porco
o ganso
a rã
o cachorro
o pato
o cordeiro
o gatinho
o galo
o pintainho
a galinha
o hámster
o coelho

LES ANIMAUX

o cavalo
o touro
a vaca e o bezerro
a ovelha
o golfinho
o tubarão
a girafa
a raposa
o leão
a zebra
o urso
a cobra
o elefante
o tigre
o chimpanzé

HÉBERGEMENT

Hors saison, le prix de l'hébergement au Portugal diminue significativement. Dans les régions de grande affluence, la réservation préalable est vivement conseillée. Vous trouverez d'amples informations sur les hôtels dans les offices de tourisme. Ces derniers n'offrant pas la possibilité de faire des réservations, adressez-vous pour cela aux **Pousadas** ou à l'agence **Enatur** (21 848 90 78). Pour les logements ruraux, les réservations sont indispensables et peuvent être faites par l'intermédiaire d'**ANTER** (266 74 45 55) ou d'une agence de voyages. Un acompte est parfois demandé.

Soumis au classement par étoiles (qui peut se révéler parfois trompeur), les types d'hôtels sont très variés, depuis la modeste pension, en passant par la **residencial** (plus confortable mais sans restauration), jusqu'à l'**estalagem**, plus luxueuse. Les **Pousadas** sont des hôtels de luxe administrés par l'État et installés dans des sites historiques, des parcs ou des réserves naturelles.

L'hébergement rural est également très diversifié. Très pratiqué au Nord (notamment dans le Minho), le **turismo de habitação** offre l'opportunité de loger dans des fermes ou magnifiques manoirs. Le **turismo rural** propose des maisons rustiques, et l'**agro-turismo** des chambres dans des fermes familiales où l'hôte peut, s'il le veut, travailler.

Le camping sauvage n'est pas autorisé au Portugal. Pour séjourner dans l'un des nombreux campings nationaux (il y en a plus d'une centaine), il faut payer une taxe et présenter le carnet international de camping.

Pour commencer

appartement	apartamento *âpârtâmENtou*
auberge de jeunesse	pousada da juventude *pôzàda dâ jouvENtoude*
avec cuisine	com cozinha *kon kouzigna*
avec douche	com duche *kon douche*
camping	parque de campismo *pàrke de kinpijmou*

caravane	caravana *kârâvânâ*
chambre double	quarto duplo *koirtou douplou*
chambre pour une personne	quarto individual *koirtou INdividouàl*
clé	chave *chàve*
demi-pension	meia pensão *méïa pENçÃO*
hôtel	hotel *òtèl*
lit double	cama de casal *kâma de kâzàl*
lit pour une personne	cama individual *kâma INdividouàl,* cama de solteiro *kâma de sôltéïrou*
locataire	locatário *loukâtàriou*
louer	arrendar *ârrENdàr*
maison	casa *kàza*
pension complète	pensão completa *pENçÃO komplèta*
petit déjeuner compris	com pequeno almoço *kon pekénou àlmôçou*
prix par personne	preço por pessoa *préçou pour peçôa*
propriétaire	proprietário *prouprìétàriou*
réserver	reservar *rezervàr*
télévision avec satélite/câble	televisão por satélite/cabo *televizÃO pour çâtèlite/kàbou*
tente	tenda *tENda*
toilettes	casas de banho *kàzaj de bâgnou*
tout compris	tudo incluído *toudou INklouïdou*

S'exprimer

est-ce que vous pouvez m'écrire l'adresse ?
será que me pode escrever a morada?
cerà ke me pòde ejkrevér â mouràda ?

où peut-on faire les courses dans le coin ?
onde é que se podem fazer compras aqui perto?
onde è ke ce pòdEM fâzér kompraj âki pèrtou ?

comment marche la douche ?
como é que funciona o duche?
kômou è ke fUNciôna ou douche ?

est-ce qu'il serait possible de rester une autre nuit ?
será que era possível ficar mais uma noite?
cerà ke èra poucivèl fikàr màïj ouma nôïte ?

vous acceptez les cartes de crédit ?
aceita(m) cartões de crédito?
âcéïta(AM) kârtÕEj de krèditou ?

j'ai réservé (par téléphone) ... au nom de ...
fiz a reserva (por telefone)...em nome de...
fij â rezèrva (pour telefône) ... EM nôme de ...

Comprendre

com cozinha avec cuisine
completo/cheio complet
privado privé
quarto com casa de banho chambre avec salle de bains
quartos vagos/livres chambres libres
recepção réception

posso ver o seu passaporte?
est-ce que je peux voir votre passeport ?

será que pode preencher esta ficha?
est-ce que vous pouvez remplir cette fiche ?

Hôtel et chambre d'hôtes

S'exprimer

je voudrais réserver une chambre pour 2 personnes pour demain soir
queria reservar um quarto para duas pessoas para amanhã à noite
keria rezervàr UM koirtou pâra douâj peçôaj pâra àmâgnin à nôïte

je voudrais réserver 2 chambres individuelles pour 3 nuits
queria reservar dois quartos individuais para três noites
keria rezervàr dôïj koirtouj INdividouàïj pâra tréj nôïtej

est-ce qu'il vous reste des chambres de libres ?
ainda tem/têm quartos vagos?
âINda tEM/tÊM koirtouj vàgouj ?

une chambre pas chère pour une personne
um quarto barato para uma pessoa
UM koirtou bâràtou pâra ouma peçôa

c'est pour un couple et 2 enfants
é para um casal com duas crianças
è pâra UM kâzàl kon douaj kriinças

est-ce que je peux voir la chambre ?
será que eu podia ver o quarto?
cerà ke éou poudia vér ou koirtou ?

c'est bien, je la prends
está bem, fico com ele
ejtà bEM, fikou kon éle

nous pensons rester 2 nuits
pensamos ficar duas noites
pENçâmouj fikàr douaj nôïtej

avez-vous quelque chose de plus calme ?
será que tem algum mais calmo?
cerà ke tEM àlgUM màïj kàlmou ?

est-ce qu'il est possible d'ajouter un lit supplémentaire ?
é possível pôr aqui mais uma cama?
è poucivèl pôr âki màïj ouma kâma ?

combien coûte une chambre avec salle de bains ?
quanto é que custa um quarto com casa de banho?
kointou è ke koujta UM koirtou kon kàza de bâgnou ?

vous n'avez rien de moins cher ?
não tem nada mais barato?
nÃO tEM nàda màïj bâràtou ?

est-ce que le petit déjeuner est inclus ?
o pequeno almoço está incluído?
ou pekénou àlmôçou ejtà INklouidou ?

vers 7 heures, je pense
penso que por volta das 7 horas
pENçou ke pour vòlta daj cète òraj

la clé de la 24, s'il vous plaît
a chave do 24, por favor
â chàve dou vINte i koitrou, pour fâvôr

j'aimerais changer de chambre, la mienne est trop bruyante
gostaria de mudar de quarto, o meu é muito barulhento
goujtâria de moudàr de koirtou, ou méou è mouïtou bârouLHENtou

y a-t-il une prise pour le rasoir ?
há ficha para a máquina de barbear?
à ficha pâra â màkina de bârbiàr ?

la climatisation ne marche pas
o ar condicionado não funciona
ou àr kondiciounàdou nÃO fUNciôna

il n'y a pas de bonde pour la baignoire
a banheira não tem tampa
â bâgnéïra nÃO tEM timpa

je n'arrive pas à faire marcher la douche
não consigo fazer funcionar o duche
nÃO koncigou fâzér fUNciounàr ou douche

pouvez-vous me montrer comment ça marche ?
pode-me mostrar como é que funciona?
pòde-me moujtràr kômou è ke fUNciôna ?

nous n'avons pas de serviettes de toilette
não temos toalhas
nÃO témouj touàLHaj

il n'y a pas de papier toilette
não há papel higiénico
nÃO à pâpèl igiénikou

Comprendre

há um hotel não muito caro e muito agradável perto de…
il y a un hôtel pas trop cher et vraiment bien près de …

de que é que está à procura?
qu'est-ce que vous cherchez ?

com ou sem casa de banho?
avec ou sans salle de bains ?

não, lamento, estamos completos
non, je regrette, nous sommes complets

é para quantas noites?
c'est pour combien de nuits ?

a que horas pensa(m) chegar?
à quelle heure pensez-vous arriver ?

qual é o seu nome, por favor?
quel est votre nom, s'il vous plaît ?

já só tenho um quarto duplo
il ne me reste qu'une chambre double

esta é a chave da porta de entrada e a outra é a do seu/vosso quarto
celle-ci est la clé de la porte d'entrée et l'autre celle de votre chambre

os quartos têm que/de ficar livres antes do meio-dia
les chambres doivent être libérées avant midi

o pequeno almoço é servido entre as 7h30 e as 9h
le petit déjeuner est servi entre 7h30 et 9h

Auberge de jeunesse

S'exprimer

est-ce que je peux laisser mon sac à dos à la réception ?
posso deixar a minha mochila na recepção?
pòçou déïchàr â migna mouchila nâ recèçÃO ?

je viendrai le récupérer vers 7 heures
venho levantá-la/buscá-la por volta das sete (horas)
végnou levANtà-la/bouskà-la pour vòlta dâj cète (òraj)

il n'y a pas d'eau chaude
não há água quente
nÃO à àgoua kENte

l'évier est bouché
o lava-louça está entupido
ou làva-lôça ejtà ENtoupidou

Comprendre

(nós) fornecemos os lençóis
les draps sont fournis

tem cartão de membro?
avez-vous une carte de membre ?

a pousada reabre às seis (horas)
l'auberge rouvre à 6 heures

Location

S'exprimer

je cherche quelque chose qui soit près du centre
estou à procura de qualquer coisa perto do centro
ejtô à pròkoura de koilkèr kôïza pèrtou dou cENtrou

où dois-je prendre/laisser les clés ?
onde é que devo ir buscar/deixar as chaves?
onde è ke dévou ir bouskàr/déïchàr âj chàvej ?

où est le compteur électrique ?
onde é que está o contador eléctrico?
onde è ke ejtà ou kontâdôr ilètrikou ?

est-ce qu'il y a des … de rechange ?
há mais…para poder mudar?
à màïj ... pâra poudér moudàr ?

où dois-je sortir les poubelles ?
onde é que à noite devo pôr o contentor/saco do lixo?
onde è ke à nôïte dévou pôr ou kontENtôr/çàkou dou lichou ?

je ne trouve pas le/la …
não encontro o/a…
nÃO ENkontrou ou/â...

je suis désolé, j'ai cassé le/la …
lamento imenso, mas parti o/a…
lâmENtou imENçou, mâj pârti ou/â ...

j'ai fermé la porte en laissant les clés à l'intérieur
fechei a porta e deixei a chave por/lá dentro
fechéï â pòrta i déïchéï â chàve pour/là dENtrou

Comprendre

vem cá alguém fazer a limpeza depois de você(s) partir(em)
il y a quelqu'un qui va passer pour le ménage après votre départ

está tudo mobilado
c'est entièrement meublé

o preço inclui o aquecimento, a electricidade e o gás
le prix comprend le chauffage, l'électricité et le gaz

Camping

S'exprimer

y a-t-il un camping près d'ici ?
há algum parque de campismo aqui perto?
à àlgUM pàrke de kinpijmou âki pèrtou ?

je voudrais un emplacement pour une tente pour 2 jours
queria um lugar para uma tenda, por dois dias
keria UM lougàr pâra ouma tenda, pour dôïj diaj

c'est combien par jour ?
quanto é que é por dia?
kointou è ke è pour dia ?

est-ce qu'il y a une cabine téléphonique ?
há aqui alguma cabine telefónica?
à âki àlgouma kàbine telefônika ?

où sont les poubelles ?
onde é que estão os caixotes do lixo?
onde è ke ejtÃO ouj kàïchòtej dou lichou ?

je voudrais régler – on était au numéro 62, allée B
queria pagar – estávamos no número 62, corredor B
keria pâgàr – ejtàvamouj nou noumerou 62, kourredôr B

Comprendre

não hesite(m) em chamar-me se tiver(em) algum problema
n'hésitez pas à m'appeler si vous avez un problème

são...por dia/por pessoa e...por tenda
c'est ... par jour/par personne et ... par tente

o quarto

a sala de jantar

a casa de banho

a cozinha

a entrada

o salão

BOIRE ET MANGER

Vous trouverez au Portugal une grande diversité de restaurants. Les **tascas** sont des établissements de petite taille très bon marché et généralement fréquentés par les résidents locaux. Un peu plus grands, les **casas de pasto** servent également une nourriture simple à petits prix. Les restaurants proprement dits offrent un cadre plus raffiné et une carte un peu plus diversifiée. Les **marisqueiras**, situées principalement sur la côte, sont spécialisées dans le poisson et les fruits de mer et les **churrasqueiras** dans la viande grillée. Dans les **cervejarias** (brasseries), vous pourrez commander un repas léger et, bien sûr, de la bière.

Dans la plupart des restaurants, le service n'est pas compris et il faut laisser un pourboire équivalant à environ 10 pour cent du total de l'addition.

Un déjeuner ou un dîner classique peut être constitué d'une soupe, d'un plat de poisson et/ou de viande, de pommes de terre ou de riz et d'un dessert. Les plats du jour proposés correspondent souvent aux spécialités locales. Les entrées servies (fromage, jambon cru, chorizo, olives, pâté de thon etc.) ne sont payées que si elles sont consommées. Souvent, une portion (**dose**) est suffisante pour 2 personnes ; il est parfois possible de demander une demi-portion. L'eau n'est pas servie automatiquement ; lors de la commande, précisez si vous souhaitez de l'eau plate ou de l'eau gazeuse.

En plus des **tascas** et des **cervejarias**, on peut boire un verre dans les cafés et les pâtisseries, très populaires au Portugal. Ces établissements peuvent éventuellement servir des repas légers et des sandwiches. Les cafés sont des lieux de convivialité, très fréquentés notamment après les repas. Les soirs d'été, il est d'usage de s'attarder longtemps en terrasse. En ville, il est habituel de faire la tournée des bars. Il existe une grande diversité de bières en bouteille ou de **fino**, bière pression. Les prix en terrasse sont normalement plus élevés. Il faut avoir au minimum 16 ans pour consommer de l'alcool.

Pour commencer

addition	conta *konta*
apéritif	aperitivo *âperitivou*
bière	cerveja *cervéja*
bouteille	garrafa *gârràfa*
café crème	garoto *gârôtou*, café pingado *kâfè pINgàdou*
carafe	garrafa *gârràfa*
carte *(menu)*	ementa *imENta*
Coca-cola®	Coca-cola® *kòka-kòla*
commander	pedir *pedir*
déjeuner *(nom)*	almoço *àlmôçou*
déjeuner *(verbe)*	almoçar *àlmouçàr*
dessert	sobremesa *soubreméza*
dîner *(nom)*	jantar *jANtàr*
dîner *(verbe)*	jantar *jANtàr*
eau gazeuse	água com gás *àgoua kon gàj*
eau plate	água sem gás *àgoua cEM gàj*
entrée	entrada *ENtràda*
expresso	bica *bika*, café *kâfè*
fromage	queijo *kéïjou*
jus de fruit	sumo de fruta *çoumou de frouta*
manger	comer *koumér*
menu *(formule à prix fixe)*	menu *menou*, ementa imENta
petit déjeuner	pequeno almoço *pekénou àlmôçou*
plat de résistance	prato principal *pràtou prINcipàl*
pression	fino *finou*
sandwich	sandes *cindej*
thé	chá *chà*
verre	copo *kòpou*
vin rouge/blanc/rosé	vinho tinto/branco/rosé *vignou tINtou/brinkou/rôzé*

S'exprimer

on va manger un bout ?
vamos comer qualquer coisa?
vâmouj koumér koilkèr kôïza ?

on va boire un verre ?
vamos beber um copo?
vâmouj bebér UM kòpou ?

on va prendre un café ?
vamos tomar um café?
vâmouj toumàr UM kâfè ?

est-ce que vous pouvez nous recommander un restaurant ?
será que nos podia(m) aconselhar um restaurante?
cerà ke nouj poudia(AM) âkonceLHàr UM rejtàourANte ?

je n'ai pas très faim
não tenho muita fome
nÃO tégnou mouïta fôme

j'ai super faim
estou cheio(a) de fome
ejtô chéïou(a) de fôme

s'il vous plaît ! *(pour appeler le serveur)*
se faz favor!
ce fàj fâvôr !

je voudrais un sandwich au thon, s'il vous plaît
eu queria uma sandes de atum, se faz favor
éou keria ouma çANdej de âtUM, ce fàj fâvôr

j'en reprendrai un autre
queria mais um
keria màïj UM

bon appétit !
bom apetite!
bon âpetite !

à la tienne
à tua!
à touâ !

à la vôtre !
à sua/vossa saúde!
à çoua/vòça çâoude !

tchin-tchin !
saúde!
çâoude !

c'est délicieux
é óptimo
è òtimou

c'était délicieux
estava óptimo
ejtàva òtimou

c'est très gras
tem muita gordura
tEM mouïta gourdoura

c'est trop épicé
está demasiado temperado
ejtà demaziàdou tEMperàdou

c'est pas assez salé
tem pouco sal
tEM pôkou çàl

j'ai trop bu hier
ontem bebi demais
ontEM bebi demàïj

est-ce que vous pourriez apporter un cendrier ?
será que podia trazer um cinzeiro?
cerà ke poudia trâzér UM cINzéïrou ?

où sont les toilettes, s'il vous plaît ?
onde são as casas de banho, se faz favor?
onde çÃO âj kàzaj de bâgnou, ce fàj fâvôr ?

Comprendre

para levar — à emporter
no local — sur place

lamento, mas depois das 10h já não servimos
désolé, nous ne servons plus après 10h

Réserver une table

S'exprimer

allô, bonjour, je voudrais réserver une table pour 2 pour demain soir
está? bom dia, eu queria reservar uma mesa para duas pessoas para amanhã à noite
ejtà? bon dia, éou keria rezervàr ouma méza pâra douaj peçôaj pâra àmâgnin à nôïte

vers 8 heures
por volta das 8 horas
pour vòlta dâj ôïtou òraj

vous n'avez pas de table libre plus tôt ?
não tem/têm nenhuma mesa livre mais cedo?
nÃO tEM/t M negnouma méza livre màïj cédou ?

une table pour 4, s'il vous plaît
uma mesa para quatro, se faz favor
ouma méza pâra koitrou, ce fàj fâvôr

j'ai réservé une table au nom de …
(eu) reservei uma mesa em nome de…
(éou) rezervéï ouma méza EM nôme de ...

Comprendre

reservado
réservé

para que horas?
pour quelle heure ?

8h30, pode ser?
8h30, ça vous va ?

fica em que nome?
c'est à quel nom ?

quantas pessoas são?
vous êtes combien ?

bom dia, é para comer?
bonjour, c'est pour manger ?

tem mesa reservada?
est-ce que vous avez réservé ?

estamos cheios, mas se puder esperar um quarto de hora pode ser que vague alguma mesa
nous sommes complets mais si vous pouvez attendre un quart d'heure que se libère une table

fumadores ou não fumadores?
fumeurs ou non-fumeurs ?

Commander à manger

S'exprimer

qu'est-ce que vous nous recommandez ?
o que é que (nos) recomenda?
ou ke è ke (nouj) rekoumENda ?

oui, je crois qu'on a choisi
sim, creio que já escolhemos
cIM, kréïou ke jà ejkouLHémouj

non, pas encore
não, ainda não
nÃO, âINda nÃO

je voudrais …
eu queria …
éou keria ...

on va prendre 2 menus à 11 euros
vamos querer dois menus a 11 euros
vâmouj kerér dôïj menouj â onze éouroj

pour moi, ça sera … et …
para mim é…e…
pâra mIM è ... i ...

… mais sans …
…mas sem…
... mâj cEM ...

moi, je ne sais pas, c'est quoi "feijoada à transmontana" ?
eu cá não sei, o que é "feijoada à transmontana"?
éou kà nÃO céï, ou ke è féïjouàda à trinsmontâna ?

je vais prendre ça alors
então, pode ser isso
ENtÃO, pòde cér içou

quel est le plat du jour ?
qual é o prato do dia?
koil è ou pràtou dou diâ ?

juste de l'eau (plate), s'il vous plaît
só água (sem gás), se faz favor
çò àgoua (cEM gàj), ce fàj fâvôr

et une grande carafe d'eau
e uma garrafa grande de água
i ouma gârràfâ grinde de àgoua

une demi-bouteille de vin rouge
meia garrafa de vinho tinto
méïa gârràfâ de vignou tINtou

on va partager – est-ce que vous pouvez nous apporter 2 assiettes ?
nós vamos dividir – será que nos podia trazer dois pratos?
nòj vâmouj dividir – cerà ke nouj poudia trâzér dôïj pràtouj ?

ce n'est pas ce que j'ai commandé, j'avais demandé …
não foi isto que eu pedi, eu pedi…
nÃO fôï ijtou ke éou pedi, éou pedi ...

est-ce qu'on peut avoir encore du pain ?
será que nos podia trazer mais pão?
cerà ke nouj poudia trazér màïj pÃO ?

est-ce que vous pourriez nous apporter une autre carafe d'eau ?
será que nos podia trazer outra garrafa de água?
cerà ke nouj poudia trâzér ôtra gârràfa de àgoua?

qu'est-ce que vous avez comme desserts ?
que sobremesas é que tem/têm?
ke soubremézaj è ke tEM/tÊM ?

Comprendre

já escolheu/escolheram?
vous avez choisi ?

vou deixá-lo(s) escolher e já cá volto
je vous laisse choisir et je reviens

é uma espécie de guisado de...
c'est une sorte de ragoût de ...

lamento imenso, mas já não temos...
désolé, nous n'avons plus de ...

vai/vão desejar sobremesa?
désirez-vous un dessert ?

e para beber?
et comme boisson ?

Au café

S'exprimer

qu'est-ce que tu prends ?
o que é que tomas?
ou ke è ke tômaj ?

je t'offre un verre
pago-te um copo
pàgou-te UM kòpou

non, cette fois c'est pour moi
não, desta vez sou eu que pago
nÃO, dèjta véj çô éou ke pàgou

je vais prendre ...
vou tomar...
vô toumàr ...

je voudrais ...
eu queria...
éou keria ...

un Coca-cola® sans glaçons, s'il vous plaît
uma Coca-cola® sem gelo, se faz favor
ouma kòka-kòla cEM gélou, ce fàj fâvôr

un Coca light®, avec beaucoup de glaçons
uma Coca-cola® light com muito gelo
ouma kòka-kòla làïte kon mouïtou gélou

un petit verre de vin blanc sec
um copo pequeno de vinho branco seco
UM kòpou pekénou de vignou brinkou cékou

une pression
um fino
UM finou

un thé avec une rondelle de citron
um chá com uma rodela de limão
UM chà kon ouma roudèla de limÃO

un thé sans lait
um chá sem leite
UM chà cEM léïte

un café allongé
um café cheio
UM kâfè chéïou

la même chose pour moi
a mesma coisa para mim
â méjma kôïza pâra mIM

et un verre d'eau, s'il vous plaît
e um copo de água, se faz favor
i UM kòpou de àgoua, ce fàj fâvôr

une autre pression, s'il vous plaît
outro fino, se faz favor
ôtrou finou, ce fàj fâvôr

c'est sacrément fort comme alcool !
isto tem muito álcool!
ijtou tEM mouïtou àlkòl !

Comprendre

alcoólico(a)	alcoolisé
à mesa	en salle
ao balcão	au comptoir
não alcoólico(a)	non alcoolisé

o que é que vai/vão tomar?
qu'est-ce que vous prenez ?

não se pode fumar aqui
c'est un espace non-fumeurs, ici

querem pedir mais alguma coisa? O restaurante vai fechar daqui a 10 minutos
vous voulez commander autre chose? Le restaurant ferme dans 10 minutes

Quelques expressions familières

ao balcão sur le zinc
beber um copo boire un coup
estar com os copos être bourré
estar com uma ressaca avoir la gueule de bois

L'addition

S'exprimer

l'addition, s'il vous plaît
a conta, se faz favor
â konta, ce fàj fâvôr

est-ce qu'on peut payer par Carte Bleue® ?
pode-se pagar com Multibanco?
pòde-ce pâgàr kon moultibinkou ?

je crois qu'il y a une erreur dans l'addition
creio que há um erro na conta
kréïou ke à UM érou nâ konta

je vous dois combien ?
quanto é que lhe devo?
kointou è ke LHe dévou ?

le service est-il compris ?
está incluído o serviço?
ejtà INklouïdou ou cerviçou ?

Comprendre

é tudo junto?
vous réglez tout ensemble ?

LA CUISINE

La gastronomie portugaise, à base d'huile d'olive, est riche en aromates (romarin, laurier etc.). Les Portugais préfèrent le riz aux légumes ; celui-ci accompagne presque tous les plats. Les œufs entrent dans la composition de presque tous les desserts, dont il existe une très grande variété.

La côte portugaise est probablement la meilleure option pour les amateurs de poisson et de fruits de mer. D'une façon générale, les prix sont accessibles et les portions bien servies. De nombreux restaurants offrent un menu touristique composé de deux ou trois plats, avec une boisson et un café.

Comprendre

a vapor braisé, à l'étuvée
aos bocados en morceaux
às fatias en tranches
assado no forno cuit au four
bem passado bien cuit
condimentado épicé
cozido (em água) cuit à l'eau
cozinhado em fogo de lenha cuit au feu de bois
derretido fondu
dourado doré
em puré en purée
fervido bouilli
fresco frais
frio froid
frito frit
fumado fumé
grelhado cuit au grill
mal passado saignant
no ponto à point
panado pané
pedaços en morceaux

recheado farci
salteado sauté
seco séché

pequenos almoços e lanches petits déjeuners et goûters

açúcar	sucre
bolacha	biscuit
bolo	gâteau
café	café
café com leite	café au lait
cereais	céréales
chá	thé
chocolate quente	chocolat chaud
compota	confiture
doce	confiture
fiambre	jambon d'York
flocos	céréales
iogurte	yaourt
leite	lait
manteiga	beurre
marmelada	confiture de coings
mel	miel
pão	pain
pão de leite	pain au lait
queijo	fromage
requeijão	fromage blanc écrémé
sumo de laranja	jus d'orange
torradas	tartines (grillées)

aperitivos, sopas e entradas apéritifs, soupes et entrées

acepipes	hors-d'œuvre
açorda	soupe au pain (espèce de panade)
amêndoa salgada	amande salée
amendoim	cacahuète
azeitonas	olives
batatas fritas	chips
caju	cajou

caldo verde	soupe à base de purée de pommes de terre, de chou galicien vert et de chorizo
camarões	crevettes
canja de galinha	soupe de volaille et riz ou pâtes
caracóis à algarvia	escargots parfumés à l'origan
chouriça(o)	chorizo
melão com presunto	melon au jambon
moelas	gésiers de poulet en ragoût
omelete	omelette
pão e manteiga	du pain et du beurre
pasta de atum	pâté de thon
pastéis de bacalhau	croquettes de morue
pickles	légumes au vinaigre
presunto	jambon fumé cru
queijo	fromage (surtout fondu)
rissóis de camarão	beignets de fruits de mer
rissóis de carne	beignets de viande
salada de alface	salade verte (laitue)
salada de atum	salade de thon et de pommes de terre
salada de feijão frade	salade de haricots
salada mista	salade de laitue et tomate
salada russa	macédoine, salade russe
santola recheada	araignée de mer farcie
sopa à pescador	soupe au poisson
sopa de abóbora	soupe au potiron
sopa de agriões	soupe aux pommes de terre et au cresson
sopa de cação	soupe d'aiguillat ou squale
sopa de cebola	soupe à l'oignon
sopa de favas	soupe aux fèves
sopa de grão	soupe aux pois chiches
sopa de marisco	soupe de fruits de mer
sopa de nabiças	soupe aux navets
sopa de peixe	soupe au poisson
tremoços	graines de lupins salées

● **prato principal** plat de résistance

La morue est sans aucun doute le poisson roi au Portugal ; il y aurait, dit-on, 365 façons différentes de la cuisiner. Également très présente sur les tables portugaises, la sardine est traditionnellement servie lors des fêtes populaires de la St Jean. Les fruits de mer et les coquillages entrent dans la composition de nombreux plats.

● **peixe** poisson

arroz de lampreia	riz de lamproie
bacalhau à Brás	morue préparée avec des frites très fines, de l'oignon, des œufs, de l'ail, du persil et des olives
bacalhau à Gomes de Sá	morue avec des pommes de terre, des olives, de l'ail, des oignons, du persil et des œufs durs
bacalhau assado	morue cuite au four
bacalhau com natas	morue avec de la crème fraîche
bacalhau podre	morue cuite au four avec une couche de pommes de terre frites en tranches
caldeirada	sorte de bouillabaisse préparée avec plusieurs poissons (spécialité du littoral)
carapau grilhado	épinoche grillée
cataplana	plat de poissons et fruits de mer servi dans une casserole en cuivre
cherne grilhado	mérou grillé
chocos	seiches
chocos com tinta	seiches cuites dans leur encre
dourada grilhada	daurade grillée
linguado grilhado	sole grillée
lulas grelhadas	calmars grillés
lulas recheadas	calmars farcis au jambon, aux oignons, aux jaunes d'œufs et servis à la sauce de tomate
migas de bacalhau	plat de morue séchée parfumé à l'ail et épaissi avec du pain

pescada com todos	colin avec des pommes de terres, des œufs et des légumes verts arrosés d'huile d'olive
polvo grilhado	poulpe grillé
robalo grilhado	bar grillé
sardinhas assadas	sardines grillées

● **carne** viande

almôndegas	boulettes de viande
arroz de frango	riz au poulet
carne de porco à alentejana	plat à base de viande de porc marinée dans le vin, avec des frites et garnie de praires
coelho assado	lapin rôti avec des oignons, du vin blanc et des herbes aromatiques
cozido à portuguesa	pot-au-feu de bœuf et de porc avec des légumes (chou blanc, navet, carottes, etc.), du jambon, du chorizo, des pommes de terre et du riz
ensopado de cabrito	ragoût à base de chevreau avec des légumes, des pommes de terre et du pain grillé
feijoada	plat préparé avec des haricots (rouges ou blancs), des choux, du jambon et de la viande de porc
frango na púcara	poulet cuit en ragoût avec du Porto et du Cognac
iscas de fígado	foie frit en tranches, mariné dans du vin blanc avec de l'ail
leitão assado, leitão à bairrada	porcelet rôti (spécialité de la région de Bairrada, Mealhada, au Nord de Coimbra)
linguiça	saucisse au piment doux de viande fumée
medalhão	filet de bœuf ou de porc
pernil de borrego	gigot d'agneau
rojões à moda do Minho	viande de porc coupée en morceaux, frite, marinée dans du vin blanc avec des oignons et des herbes
tripas à moda do Porto	plat à base de tripes, de gras-double de veau et de haricots blancs (spécialité de Porto)

● **sobremesas** desserts

On trouve au Portugal des fromages d'excellente qualité, parmi lesquels les fameux **Queijo da Serra** (de Serra da Estrela) et **Queijo da Ilha** (des Açores).
Les desserts proviennent en général d'anciennes recettes conventuelles ; c'est le cas du **Toucinho do Céu**, des **Barrigas de Freira** (jaunes d'œufs, pain et sirop) et des **Queijadas de Sintra** (petite tarte au fromage blanc). Les amandes et le fromage de brebis frais sont souvent utilisés.

aletria	dessert au vermicelle
arroz doce	riz au lait saupoudré de cannelle
arrufada de Coimbra	gâteau en pâte levée parfumée à la cannelle
bolo de arroz	gâteau au riz
bolo inglês	gâteau aux fruits confits
bolo podre	gâteau au miel et à la cannelle
broas de mel	biscuits à la farine de maïs et au miel
farófias	blancs d'œufs battus, pochés dans le lait, saupoudrés de cannelle et recouverts de crème anglaise
fios de ovos	filaments de jaunes d'œufs cuits dans du sirop
leite-creme	sorte de crème renversée très crémeuse
Molotof	mousse légère de blancs d'œufs dans une sauce de caramel
mousse de chocolate	mousse au chocolat
ovos moles de Aveiro	jaunes d'œufs cuits en sirop de sucre
pão de ló	gâteau à base de farine, beurre et œufs
papos de anjo	dessert aux jaunes d'œufs
pastéis de nata	petit flan dans une pâte feuilletée
pastel de feijão	petit gâteau aux haricots
pastel de Tentúgal	pâte feuilletée farcie de jaunes d'œufs battus cuits dans le sirop
pudim flan	crème caramel

Glossaire de l'alimentation

abacate avocat
abacaxi ananas
abóbora citrouille, potiron
abrunho pruneau
açafrão safran
ácido acide
açúcar sucre
adoçante édulcorant
agrião cresson
agridoce aigre-doux
aipo céleri
alcachofra artichaut
alcaparras câpres
alface laitue
alho ail
alho francês poireau
amêijoas palourdes
ameixa prune
amêndoas amandes
amora mûre
ananás ananas
anchovas anchois
aquecer faire chauffer
arenque hareng
arenque fumado hareng fumé
arroz riz
assado rôti, grillé
assar rôtir, griller
atum thon
avelã noisette
azeite huile d'olive
bacalhau morue
bacalhau salgado morue salée
baguete baguette
banana banane
banha graisse, saindoux
batatas pommes de terre
batatas fritas frites, chips
batido milk-shake
beringela aubergine
beterraba betterave
biscoito, bolacha biscuit
bolo gâteau
borrego agneau
brócolo brocoli
cacete baguette
cachorro quente hot-dog
calda sirop
caldo bouillon
canela cannelle
canelones cannellonis
caranguejo crabe
carne viande
carne de porco porc
carne picada viande hâchée
castanha châtaigne
cebola oignon
cenoura carotte
cerveja bière
chicharro chinchard (poisson)
chicória chicorée
chocolate chocolat
chouriço chorizo
clara de ovo blanc d'œuf
côco noix de coco
codorniz caille
coelho lapin
coentro coriandre
comida nourriture
cominho cumin
congelado congelé
congro congre
conhaque cognac
conservante conservateur
conservar conserver
coração cœur

cortar couper
cortar aos palitos couper en forme allongée
cortar aos quadrados couper en petits cubes
costeleta côtelette
couve chou
couves de Bruxelas choux de Bruxelles
cove-flor chou-fleur
coxa de frango cuisse de poulet
cozinhar cuisiner
cravinho clou de girofle
cru cru
dente de alho gousse d'ail
derretido fondu
desossado désossé
dourada daurade
em lata, em conserva en conserve
ervilhas petits pois
espargo asperge
esparguete spaghettis
especiarias épices
espesso épais
espinafres épinards
espinha arête
farinha farine
favas fèves
fécula fécule
feijão branco haricot blanc
feijão encarnado haricot rouge
feijão preto haricot noir
ferver (faire) bouillir
fiambre jambon blanc ou d'York
fígado foie
figo figue
filete filet
flocos de aveia flocons d'avoine
flocos de milho tostados corn-flakes

fogo feu
forno four
frango poulet
fritar frire
fruta fruit
funcho fenouil
gambas crevettes
gelado glace
gema de ovo jaune d'œuf
gordo gras
grão pois chiches
gratinar (faire) gratiner
grelhado grillé
guarnição garniture
hortelã menthe
ingredientes ingrédients
inteiro entier
javali sanglier
laranja orange
lata (boîte de) conserve
lebre lièvre
leitão cochon de lait
leite lait
leite coalhado lait caillé
leite gordo lait entier
leite magro lait maigre
leite meio-gordo lait demi-écrémé
lentilhas lentilles
lima citron vert
limão citron
loureiro laurier
lula calamar
maçã pomme
maduro mûr
maionese mayonnaise
malagueta piment rouge
manjericão basilic
manteiga beurre
mariscos fruits de mer
marmelada confiture de coings

LES FRUITS ET LÉGUMES

a couve
as cebolas
o alho
a cenoura
os pimentos
o cogumelo
os kiwis
o milho
o tomate
as ameixas
os figos
as cerejas
as batatas
o damasco
os diospiros
as nespras
as framboesas
o pêssego
as laranjas
as amêndoas
as uvas
a pêra
a melancia
as bananas
os morangos
os limões
a maçã

os bolinhos de bacalhau

as sardinhas assadas

a feijoada

a broa de milho

o bolo-rei

os pastéis de nata

marmelo coing
massa pâte
massa folhada pâte feuilletée
mel miel
melão melon
menta menthe
mexilhões moules
migalhas miettes
migas espèce de panade épaisse
milho maïs
míscaro variété de champignon
molho sauce
morango fraise
morcela boudin noir
mostarda moutarde
nabiças pousses de navet
nabo navet
nata crème fraîche
nectarina nectarine
nozes noix
noz moscada noix de muscade
óleo huile
omelete de batatas omelette aux pommes de terre
orégão origan
osso os
ovas œufs de poisson
ovo œuf
ovo cozido œuf dur
pão pain
pão de forma pain de mie
pão integral pain complet
passa raisin sec
pastel gâteau
pato canard
peixe poisson
pepino concombre
perdiz perdrix
pescada merlu, colin
pêssego pêche
picante piquant
pimenta poivre
pimenta em grão poivre en grains
pimentão piment rouge
pimentão moído piment rouge moulu
pimento verde poivron vert
pinhões pignons
prato assiette, plat
prato combinado plat garni
presunto jambon cru
pudim pudding
queijo fromage
rabanadas pain perdu
rebentos de soja graines de soja
refresco rafraîchissement
rins rognons
rosmaninho romarin
sal sel
salchicha saucisse
salgadinho biscuit salé
salgado salé
salmão saumon
salmonete rouget
salsa persil
sandes sandwich
sardinhas sardines
sementes graines
sertã poêle
sidra cidre
sobremesa dessert
tarte de queijo sorte de tarte au fromage blanc
tenro tendre
tomate tomate
tomilho thym
toucinho lard
truta truite
vinagre vinaigre
vinho vin
vitela veau

SORTIR

L'information culturelle est disponible dans les offices de tourisme. Dans certains cas, vous pourrez y acheter les tickets pour les spectacles ou les concerts. À Lisbonne et dans quelques grandes villes, le mensuel **agenda cultural** recense tous les événements culturels; il est gratuit et diffusé dans les bureaux de tourisme, les hôtels, les kiosques etc.

Le cinéma, bon marché, constitue l'une des principales distractions. La plupart des salles proposent des réductions le lundi.

Les Portugais aiment manger et boire en groupe. Si vous êtes invité, apportez une bouteille de vin ou un dessert et ne soyez pas trop ponctuel. Les Portugais sortent assez tard dans la nuit. Les discothèques ne se remplissent pas avant minuit ou une heure du matin. L'entrée comprend généralement une consommation.

Pour commencer

bar	bar *bàr*
boîte de nuit	discoteca *dijkoutèka*
cinéma	cinema *cinémâ*
cirque	circo *cirkou*
concert de rock/jazz/ pop	concerto de rock/jazz/música pop *koncértou de ròke/jàze/mousika pòp*
danse classique/ contemporaine	dança clássica/contemporânea *dinça klàcika/kontEMpourânia*
festival	festival *fejtivàl*
fête	festa *fèjta*
film	filme *filme*
folklorique	folclórico(a) *fòlklòrikou/a*
groupe (de musique)	grupo *groupou*, banda *binda*
musique classique/ traditionnelle	música clássica/tradicional *mousika klàcika/trâdiciounàl*
publicités	anúncios *ânUNciouj*
réserver	reservar *rezervàr*
soirée	recepção *recèçÃO*, festa *fèjta*

sortir — sair *çâir*
spectacle — espectáculo *ejpètàkoulou*
théâtre — teatro *tiàtrou*
ticket — bilhete *biLHéte*
VO sous-titrée — versão original legendada *verçÃO ouriginàl legENdàda*

Proposer, inviter

S'exprimer

où est-ce qu'on peut aller ?
onde é que podemos ir?
onde è ke poudémouj ir ?

qu'est-ce que tu veux faire ?
o que é que queres fazer?
ou ke è ke kèrej fâzér ?

on va boire un verre ?
vamos beber um copo?
vâmouj bebér UM kòpou ?

qu'est-ce que tu fais ce soir ?
o que é que vais fazer hoje à noite?
ou ke è ke vàïj fâzér ôje à nôïte ?

qu'est-ce que vous voulez faire ?
o que é que quer(em) fazer?
ou ke è ke kère(EM) fâzér ?

tu as quelque chose de prévu ?
tens alguma coisa prevista?
tENj àlgouma kôïza previjta ?

qu'est-ce que vous faites ce soir ?
o que é que vai/vão fazer hoje à noite?
ou ke è ke vàï/vÃO fâzér ôje à nôïte ?

vous avez quelque chose de prévu ?
tem/têm alguma coisa prevista?
tEM/tÊM àlgouma kôïza previjta ?

ça te dit de ... ?
apetece-te...?
âpetèce-te ... ?

ça vous dit de ... ?
apetece-lhe/vos...?
âpetèce-LHe/vouj ... ?

on pensait aller à ...
estávamos a pensar ir a...
ejtàvâmouj â pENçàr ir â ...

aujourd'hui je ne peux pas mais un autre jour si tu veux
hoje não posso, mas pode ser noutro dia se quiseres
ôje nÃO pòçou, mâj pòde cér nôtrou diâ ce kizèrej

je ne suis pas sûr de pouvoir
não sei bem se posso
nÃO céï bEM ce pòçou

avec plaisir
com todo o gosto
kon tôdou ou gôjtou

Se retrouver

S'exprimer

ce ne serait pas possible de se retrouver un peu plus tard ?
não seria possível encontrarmo-nos um pouco mais tarde?
nÃO ceria poucivèl ENkontràrmou-nouj UM pôkou màïj tàrde ?

je dois rejoindre … à 9 heures
tenho de ir ter com… às 9 (horas)
tégnou de ir tér kon ... àj nòve (òraj)

on se retrouve à quelle heure ?
a que horas é que nos encontramos?
â ke òraj è ke nouj ENkontrâmouj ?

on se retrouve où ?
onde é que nos encontramos?
onde è ke nouj ENkontrâmouj ?

à demain soir
até amanhã à noite
âtè àmâgnin à nôïte

je ne sais pas où c'est mais je trouverai sur la carte
não sei onde é que é, mas vejo no mapa
nÃO céï onde è ke è, mâj véjou nou màpâ

je vous rejoindrai plus tard, il faut que je passe à l'hôtel d'abord
vou ter convosco mais tarde, tenho que/de passar antes no hotel
vô tér konvôjkou màïj tàrde, tégnou ke/de pâçàr intej nou òtèl

tu auras mangé avant ?
vais depois de comer?
vàïj depôïj de tér koumér ?

désolé d'être en retard
peço desculpa pelo atraso
pèçou dejkoulpa pélou atràzou

Comprendre

está bem para ti?
est-ce que ça te va ?

encontramo-nos lá
on se rejoint directement là-bas

vou-te buscar por volta das 8 (horas)
je passerai te chercher vers 8 heures

encontramo-nos à frente do(a)...
on se retrouve devant ...

vou-te dar o meu número e telefonas-me amanhã
je vais te donner mon numéro, tu n'as qu'à m'appeler demain

Quelques expressions familières

beber um copo prendre un pot
petiscar qualquer coisa manger un bout

Cinéma, spectacles, concerts

S'exprimer

est-ce qu'il y a un guide des spectacles ?
há algum guia dos espectáculos?
à àlgUM guia douj ejpètàkoulouj ?

je voudrais 3 places pour ...
queria três bilhetes para...
keria tréj biLHétej pâra ...

2 tickets, s'il vous plaît
dois bilhetes, se faz favor
dôïj biLHétej, ce fàj fâvôr

c'est une actrice connue mais je ne me souviens plus de son nom
é uma actriz conhecida, mas já não me lembro do nome dela
è ouma àtrij kougnecida, mâj jà nÃO me lEMbrou dou nôme dèla

il joue dans ce film
ele entra nesse filme
éle ENtra néce filme

ça s'appelle ...
chama-se...
châma-ce ...

je l'ai déjà vu en France, c'est pas mal
já o vi em França, não é mau
jà ou vi EM frinça, nÃO è màou

j'en ai entendu parler, il paraît que c'est ...
já ouvir falar dele(a), parece que é...
jà ôvi fâlár déle(a), parèce ke è ...

j'ai vu la bande-annonce, ça à l'air ...
vi o anúncio/a apresentação, parece...
vi ou anUNciou/â aprezENtaçÃO, parèce ...

à quelle heure est la séance ? et le film ?
a que horas é a sessão? e o filme?
â ke òraj è â ceçÃO ? i ou filme ?

j'aimerais bien aller voir un spectacle
gostava de ir ver um espectáculo
goujtàva de ir vér UM ejpètàkoulou

je vais passer voir s'il reste des places
vou lá passar para ver se ainda há bilhetes
vô là pâçàr pâra vér ce âINda à biLHétej

est-ce qu'il faut réserver à l'avance ?
é preciso reservar antes?
è precizou rezervàr intej ?

ça se joue jusqu'à quand ?
até quando é que está em cartaz?
âtè koindou è ke ejtà EM kartàj ?

est-ce qu'il reste des places un autre jour ?
ainda há bilhetes para outro dia?
âINda à biLHétej pâra ôtrou dia ?

j'aimerais bien aller à un concert dans un café ou quelque chose comme ça
gostava muito de ir a um concerto num café ou qualquer coisa assim
goujtàva mouïtou de ir â UM koncértou nUM kafè ô koilkèr kôïza acIM

est-ce qu'il y a des concerts gratuits ?
há concertos com entrada livre?
à koncértoj kon ENtràda livre ?

c'est quel genre de musique ?
que tipo de música é que é?
ke tipou de mouzika è ke è ?

je n'aime pas beaucoup ce type de musique
não gosto muito deste/desse tipo de música
nÃO gòjtou mouïtou déjte/déce tipou de mouzika

Comprendre

bilheteira	billetterie
estreia a...	sortie le ...
grande produção	grosse production
lugar sem visibilidade	place sans visibilité
matinée	matinée (au théâtre)
outra! bis!	une autre ! (chanson)
reservas	réservations
sala de cinema experimental	cinéma d'art et d'essai

há um concerto de música clássica na igreja
il y a un concert de musique classique dans l'église

é um concerto ao ar livre
c'est un concert en plein air

teve muito boas críticas
il y a de très bonnes critiques

sai na próxima semana
ça sort la semaine prochaine

está esgotado até ao dia ...
c'est complet jusqu'au ...

a peça começa às oito horas no Odéon
ça se joue à 8 heures à l'Odéon

já não há bilhetes para esta sessão
il n'y a plus de places pour cette séance

é conveniente vir um quarto de hora antes
il est conseillé de venir un quart d'heure avant

os bilhetes são vendidos à entrada, meia hora antes do espectáculo
les places sont vendues à l'entrée, une demi-heure avant le spectacle

não vale a pena reservar com antecedência
ce n'est pas la peine de réserver à l'avance

a peça dura hora e meia com o intervalo
la pièce dure une heure et demie avec entracte

é favor desligar o seu telemóvel
prière d'éteindre votre portable

Fétes, soirées, discothèques

S'exprimer

j'organise une petite soirée pour mon départ
estou a organizar uma pequena festa para a minha despedida
ejtô â òrgânizàr ouma pekéna fèjta pâra â migna dejpedida

est-ce qu'il faut apporter quelque chose à boire ?
é preciso levar alguma coisa para beber?
è precizou levàr àlgouma kôïza pâra bebér ?

on pourrait aller en boîte après
depois podíamos ir a uma discoteca
depôïj poudiamouj ir â ouma dijkoutèka

l'entrée est payante ?
a entrada é a pagar?
â ENtràda è â pagàr ?

je dois retrouver quelqu'un à l'intérieur
tenho que/de encontrar uma pessoa lá dentro
tégnou ke/de ENkontràr ouma peçôa là dENtrou

vous me laisserez entrer quand je reviendrai ?
deixa-me entrar quando eu voltar?
déïcha-me ENtràr koindou éou vòltàr ?

merci, mais je suis avec mon copain
obrigado(a), mas estou com o meu amigo
obrigàdou(a), mâj ejtô kon ou méou âmigou

je danse comme un pied
danço muito mal
dinçou mouïtou màl

non merci, je ne fume pas
não obrigado(a), não fumo
nÃO òbrigàdou(â), nÃO foumou

Comprendre

ao ar livre en plein air
consumo gratuito conso gratuite
desfile défilé
feira popular fête foraine
procissão procession
santo padroeiro saint patron
vestiário vestiaire

há uma festa em casa de …
il y a une soirée chez …

queres dançar?
tu veux danser ?

posso-te oferecer uma bebida?
je t'offre quelque chose à boire ?

desculpa, tens lume?
est-ce que tu aurais du feu ?

és muito bonita
tu es très belle

desculpa, não me podes arranjar um cigarro?
est-ce que tu aurais une cigarette ?

será que nos podíamos voltar a ver?
on peut se revoir ?

posso levá-lo(a) a casa?
je peux vous raccompagner ?

VISITES TOURISTIQUES

Toutes les grandes villes portugaises ont un office de tourisme où les visiteurs peuvent obtenir des informations sur la région, des plans (généralement gratuits) et des détails sur les événements au niveau régional et les visites guidées. Vous y trouverez des informations utiles sur les hôtels. Les horaires varient selon la région mais, en général, ils correspondent à ceux du commerce local. Dans les zones rurales, les offices peuvent éventuellement fermer pendant le week-end. On peut trouver des offices de tourisme dans les grands aéroports et auprès des services touristiques portugais un peu partout à l'étranger.

D'une façon générale, les musées ouvrent de 10h à 17h ou 18h (avec une pause pour le déjeuner qui va de 12h ou 12h 30 à 14h30 ou 15h), du mardi au dimanche, la plupart fermant le lundi et les jours fériés. La grande majorité des musées est payante mais souvent, le dimanche, les jours fériés ou le matin, les prix sont réduits et parfois même les entrées sont gratuites.

Pour commencer

ancien	antigo(a) *intigou(a)*
antique	antigo(a) *intigou(a)*
art moderne/ contemporain	arte moderna/contemporânea *àrte moudèrna/kontEMpourânia*
cathédrale	catedral *kâtedràl*
centre-ville	centro da cidade *cENtrou dâ cidàde*
château	castelo *kastèlou*, palácio *palàciou*
église	igreja *igrèjâ*
exposition	exposição *éïjpouziçÃO*
galerie	galeria *gäleria*
guide *(personne)*	guia *guia*
musée	museu *mouzéou*
office du tourisme	posto de turismo *pôjtou de tourijmou*
parc	parque *pàrke*
peinture	pintura *pINtoura*

quartier	bairro bàïrrou
ruines	ruínas rouïnaj
siècle	século cèkoulou
tableau	quadro koidrou
touristique	turístico(a) tourijtikou(a)

S'exprimer

je voudrais avoir des renseignements sur ...
gostaria de obter informações sobre...
goujtâria de oubtér INfourmaçÕEj sôbre ...

où est-ce que je peux trouver des informations sur ... ?
onde é que posso obter informações sobre...?
onde è ke pòçou oubtér INfourmaçÕEj sôbre ... ?

est-ce que vous auriez un plan de la ville ?
será que tem/têm um mapa da cidade?
cerà ke tEM/tÊM UM màpa dâ cidàde ?

on m'a dit qu'il y a à ... une ancienne abbaye qu'on peut visiter
disseram-me que há em...uma abadia antiga que se pode visitar
dicèrAM-me ke à EM ... ouma âbadia intiga ke ce pòde vizitàr

vous pouvez me montrer où c'est sur le plan ?
pode-me mostrar no mapa onde é que é?
pòde-me moujtràr nou màpa onde è ke è ?

comment on y va ?
como é que se vai para lá?
kômou è ke ce vàï pâra là ?

c'est gratuit ?
é gratuito?
è gratouïtou ?

quand est-ce que ça a été construit ?
quando é que foi construído(a)?
koindou è ke fôï konjtrouïdou(a) ?

Comprendre

aberto	ouvert
cidade antiga	vieille ville
entrada livre	entrée libre
fechado	fermé
gótico(a)	gothique
guerra	guerre

invasão	invasion
medieval	médiéval
obras de renovação/ restauro	travaux de rénovation/restauration
românico(a)	roman
visita guiada	visite guidée
você(s) está/estão aqui	vous êtes ici (sur un plan)

tem/têm que/de se informar no local
il faut vous renseigner sur place

a capela data do século XIII
la chapelle date du XIIIe siècle

várias casas remontam à Idade Média
plusieurs maisons remontent au Moyen-Âge

Musées, expositions et monuments

S'exprimer

il paraît qu'il y a une très bonne expo sur … en ce moment
parece que há neste momento uma exposição muito boa sobre…
parèce ke à néjte moumENtou ouma éïjpouziçÃO mouïtou bôa sôbre ...

combien coûte l'entrée ?
quanto é que custa a entrada?
kointou è ke koujta â ENtràda ?

combien dure la visite ?
quanto tempo é que dura a visita?
kointou tEMpou è ke doura â vizita ?

le ticket est valable aussi pour l'exposition ?
o bilhete também é válido para a exposição?
ou biLHéte tinbÉM è vàlidou pâra â éïjpouziçÃO ?

est-ce qu'il y a des réductions pour les jeunes ?
há descontos para jovens?
à dejkontouj pâra jòvENj ?

est-ce que c'est ouvert le dimanche ?
está aberto ao domingo?
ejtà abèrtou àou doumINgou ?

2 tarifs réduits et un plein tarif
dois bilhetes com desconto e um sem
dôïj biLHétej kon dejkontou i UM cEM

j'ai cette carte de mon université
tenho este cartão da minha universidade
tégnou éjte kartÃO dâ migna ounivercidàde

à quelle heure est la prochaine visite guidée ?
a que horas é a próxima visita guiada?
â ke òraj è â pròcima vizita guiàda ?

Comprendre

beilheteira	billetterie
exposição temporária/ permanente	exposition temporaire/permanente
proibido tirar fotografias	photos interdites
proibido usar flash	flash interdit
sentido da visita	sens de la visite
silêncio, por favor	silence, s'il vous plaît
sistema auricular	audiophone

a entrada no museu custa...
l'entrée du musée coûte ...

tem o seu cartão de estudante?
vous avez votre carte d'étudiant ?

com este bilhete, tem/têm também acesso à exposição
avec ce ticket, vous avez aussi accès à l'exposition

há uma visita guiada em francês que começa dentro de cinco mintos
il y a une visite guidée en français qui commence dans 5 minutes

Impressions

S'exprimer

c'est magnifique
é espectacular
è ejpètakoulàr

c'était magnifique
era/foi espectacular
èra/fôï ejpètakoulàr

ça ne m'a pas tellement plu
não gostei lá muito
nÃO goujtéï là mouïtou

c'est cher pour ce que c'est
para aquilo que é, é caro
pâra âkilou ke è, è kàrou

je ne suis pas fana d'art contemporain
não sou grande fã de arte contemporânea
nÃO çô grinde fin de àrte kontEMpourânia

c'est très touristique
é muito turístico(a)
è mouïtou tourijtikou(a)

il y avait énormément de monde
havia imensa gente
âvia imENça gENte

finalement on n'y a pas été, il y avait trop de queue
acabámos por não ir, a bicha/fila era enorme
âkabàmouj pour nÃO ir, â bicha èra inòrme

on n'a pas eu le temps de tout voir
não tivemos tempo de ver tudo
nÃO tivèmouj tEMpou de vér toudou

Comprendre

célebre célèbre
pitoresco(a) pittoresque
típico(a) typique

tem/têm mesmo que ir ver...
il faut absolument que vous alliez voir ...

tem uma vista fabulosa sobre todo o vale
il y a une vue superbe sur toute la vallée

tornou-se muito turístico(a)
c'est devenu très touristique

aconselho-o(a)/vos a ir a...
je vous recommande d'aller à ...

o abeto

a oliveira

a bétula

o choupo

o castanheiro

a palmeira

a tília

o salgueiro-
chorão

o carvalho

o gramado

LES FLEURS

a buganvília

o junquilho

a violeta

a túlipa

o hibisco

o malmequer

a sardinheira

o miosótis

o amor-perfeito

a mimosa

o jasmim

o lilás

o dente-de-leão

o girassol

o lírio-do-vale

a gerbera

a lavanda

a orquídea

a papoila

o íris

a rosa

o botão-de-ouro

o cravo

LES FLEURS

SPORTS ET JEUX

Le sport le plus populaire au Portugal est sans aucun doute le football. Les équipes qui ont le plus de fans sont l'équipe de Benfica, du Sporting et de Porto ; c'est surtout entre les deux premières que la concurrence est plus acharnée.

Le hockey, qui n'a pas encore d'expression au niveau mondial, est également un sport où les Portugais commencent à faire un tabac.

Les **Touradas** (corridas à cheval) sont également très populaires et ont lieu d'avril à octobre. Les terrains de golf portugais sont renommés dans le monde entier car ce sport peut y être pratiqué pratiquement toute l'année. Encore au plan international, c'est surtout dans l'athlétisme que les Portugais se distinguent.

Pour commencer

balle, ballon	bola *bòla*
cartes	cartas *kàrtaj*
échecs	xadrez *chadréj*
excursion	excursão *ejkourçÃO*
faire de la randonnée	dar um passeio *dàr UM pacéïou*
faire une partie de …	jogar uma partida de … *jougàr ouma pârtida de ...*
football	futebol *foutebòl*
jeu de société	jogo de sociedade *jôgou de çouciédàde*
jouer à …	jogar (a) … *jougàr (a)*
match	jogo *jôgou*, partida *pârtida*
piscine	piscina *pijcina*
sentier de randonnée	percurso para passeios *perkourçou pâra pacéïouj*
ski alpin	esqui alpino *ejki àlpinou*
ski de fond	esqui de fundo *ejki de fUNdou*
skier	esquiar *ejkiàr*
sport	desporto *dejpôrtou*
tennis	ténis *tènij*
vélo	bicicleta *biciklèta*
VTT	BTT *bétété*

S'exprimer

je voudrais en louer pour une heure
queria alugar um(a) por uma hora
keria âlougàr UM(ouma) pour ouma òra

est-ce qu'on peut prendre des cours de … ?
será que se podem ter aulas de…?
cerà ke ce pòdEM tér àoulaj de ... ?

combien ça coûte par heure et par personne ?
quanto é que custa por hora e por pessoa?
kointou è ke koujta pour òra i pour peçôa ?

je ne suis pas très sportif
não sou muito desportista
nÃO çô mouïtou dejpourtista

je n'en ai jamais fait
nunca fiz/joguei
nUNka fij/jouguéï

je suis nul en …
sou uma nulidade em…
çô ouma noulidàde EM ...

on a joué à/au…
jogámos (a)…
jougàmouj (â) ...

j'en ai fait une ou deux fois, il y a longtemps
fiz/joguei uma ou duas vezes, há muito tempo
fij/jouguéï ouma ô douaj vézej, à mouïtou tEMpou

je n'en peux plus
já não posso mais
jà nÃO pòçou màïj

j'ai des courbatures
estou cheio de dores musculares
ejtô chéïou de dôrej mouskoulàrej

on s'arrête pour pique-niquer ?
vamos parar para fazer um piquenique?
vâmouj paràr pâra fazér UM pikenike ?

Comprendre

aluguer de…
location de …

é preciso dar um sinal de…
il faut verser un acompte de …

tem/têm algumas noções ou não sabe(m) nada?
est-ce que vous avez des notions ou vous êtes complètement débutant ?

o seguro custa…e é obrigatório
l'assurance coûte … et est obligatoire

Randonnée

S'exprimer

est-ce qu'il y a des sentiers de randonnée ?
há percursos para passeios?
à perkourçouj pâra pacéïouj ?

qu'est-ce que vous nous conseillez comme marche dans les environs ?
o que é que nos aconselha para um passeio a pé nos arredores?
ou ke è ke nouj akoncéLHa pâra UM pacéïou â pè nouj arradòrej ?

on m'a dit qu'il y a une très belle balade au bord du lac
disseram-me que há uma zona muito bonita para passear à beira do lago
dicèrAM-me ke à ouma zôna mouïta bounita pâra paceàr à béïra dou làgou

on cherche une petite balade à faire dans le coin
estamos à procura de uma zona aqui perto para um pequeno passeio
ejtâmouj à pròkoura de ouma zôna aki pèrtou pâra UM pekénou pacéïou

est-ce qu'il faut avoir des chaussures de randonnée ?
é necessário ter sapatos especiais para marcha?
è neceçàriou tér sapàtouj ejpeciàïj pâra màrcha ?

c'est une randonnée de combien d'heures ?
é um passeio de quantas horas?
è UM pacéïou de kointaj òraj ?

est-ce que ça monte beaucoup ?
é muito a subir?
è mouïtou â çoubir ?

où est-ce que le sentier démarre ?
onde é que começa o percurso?
onde è ke koumèça ou perkourçou ?

est-ce que le chemin est balisé ?
o caminho está assinalado?
ou kamignou ejtà acinalàdou ?

on s'est baladés dans la campagne
demos uma volta pelo campo
dèmouj ouma vòlta pélou kinpou

est-ce que c'est un chemin circulaire ?
é um caminho circular?
è UM kamignou cirkoulàr ?

Comprendre

duração média durée moyenne (d'une randonnée)

é uma marcha de cerca de três horas, contando com as pausas
c'est une marche d'environ 3 heures en comptant les pauses

previna(m)-se com um impermeável e sapatos de marcha que não deixem entrar água
prévoyez un K-Way® et des chaussures de marche étanches

Ski

S'exprimer

je voudrais louer des skis, des bâtons et des chaussures de ski
queria alugar esquis, bastões e botas de esqui
keria alougàr ejkij, bâjtÕEj i bòtaj de ejki

elles sont trop petites
são demasiado pequenos(as)
çÃO demaziàdou pekénouj(aj)

un forfait pour une journée
uma taxa por dia
ouma tàcha pour dia

Comprendre

taxa forfait
telecadeira télésiège
teleférico remontée mécanique
telesqui tire-fesses

Autres sports

S'exprimer

où peut-on louer des vélos ?
onde é que se podem alugar bicicletas?
onde è ke ce pòdEM alougàr biciklètaj ?

y a-t-il des pistes cyclables ?
há pistas para bicicletas?
à pijtaj pâra biciklètaj ?

est-ce que quelqu'un aurait un ballon de foot ?
alguém tem uma bola de futebol?
àlguEM tEM ouma bòla de foutebòl ?

y a-t-il une piscine en plein air ?
existe alguma piscina descoberta?
izijte àlgouma pijcina dejkoubèrta ?

je n'ai jamais fait de plongée avant
nunca fiz mergulho antes
nUNka fij mergouLHou intej

je voudrais prendre des cours de voile pour débutants
queria fazer um curso de vela para iniciantes
keria fazér UM kourçou de vèla pâra iniciintej

je cours tous les matins une demi-heure
todas as manhãs corro meia hora
tôdaj âj mâgninj kôrrou méïa òra

qu'est-ce que je fais si le kayak se renverse ?
o que é que faço se o caiaque se virar?
ou ke è ke fàçou ce ou kàïàke ce viràr

Comprendre

aluguer de — location de …

há um campo/court municipal de ténis perto da estação
il y a un terrain de tennis municipal pas loin de la gare

o campo/court de ténis já está ocupado
le court de tennis est déjà occupé

é a primeira vez que monta(m) a cavalo?
c'est la première fois que vous montez un cheval ?

sabe(m) nadar?
vous savez nager ?

jogas basquete?
est-ce que tu joues au basket ?

Jeux de société

S'exprimer

on se fait une partie de cartes ?
e se jogássemos às cartas?
i ce jougàcemouj àj kàrtaj ?

c'est à ton tour de jouer
é a tua vez de jogar
è â toua véj de jougàr

tu veux prendre ta revanche ?
queres a desforra?
kèrej â dejfòrra ?

on s'arrête où on joue la belle ?
paramos ou jogamos (um) para a desforra?
pâramouj ô jougamouj (UM) pâra â dejfòrra ?

Comprendre

sabe jogar xadrez ?
vous savez jouer aux échecs ?

tens um baralho de cartas ?
est-ce que tu as un jeu de cartes ?

Quelques expressions familières

fiquei depenado je suis rétamé
deu-me uma tareia il m'a littéralement écrasé

o futebol

o basquetebol

o basebol

o futebol americano

o jogging

o ténis

o râguebi

o boxe

o pingue-pongue

o hóquei

a ginástica

o mergulho

o golfe

a patinação sobre rodas

as artes marciais

o ciclismo

o esqui

o surf

LES LOISIRS

a ioga
a música
o cinema
a dança clássica
as cartas
a pintura
desenhar
jardinagem
falar com amigos
o bricolage
a fotografia
o shopping
saír para dançar
viajar
a natação
a pesca
ler
cozinhar

COURSES ET SHOPPING

En comparaison avec les autres pays d'Europe, le prix des produits régionaux est attractif, surtout hors des grandes villes.

Les magasins ouvrent de 9h à 13h puis de 15h (selon la région) à 19h. En règle générale, les petits commerces ferment le samedi après-midi et le dimanche. Au Portugal, le marché est un vrai spectacle, plein d'animation et de couleurs. Presque toutes les municipalités ont leur propre marché ; il commence très tôt le matin et il est possible d'y marchander.

La période des soldes commence début janvier (soldes d'hiver) et fin août, début septembre (soldes d'été). Les supermarchés et grandes surfaces se trouvent généralement en périphérie des agglomérations. Les principales chaînes de magasins au Portugal sont, entre autres, **Modelo**, **Continente**, **Pingo Doce**, **Feira Nova** et **Jumbo**.

Pour commencer

acheter	comprar *kompràr*
bon marché	a bom preço *â bon préçou*
boulangerie	padaria *pàdaria*
boutique	boutique *boutike*, loja *lòjâ*
cadeau	prenda *prENdâ*, oferta *òfèrtâ*
caisse	caixa *kàïcha*
centre commercial	centro comercial *cENtrou koumerciàl*
cher	caro *kàrou*
coûter	custar *koujtàr*
grand magasin	grande loja *grinde lòja*
kilo	quilo *kilou*
légumes	legumes *legoumej*
magasin	loja *lòja*, armazém *àrmazEM*
marché	mercado *merkàdou*
pain	pão *pÃO*
payer	pagar *pagàr*
prix	preço *préçou*

rembourser reembolsar *riEMbôlçàr*
soldes saldos *çàldouj*
souvenir recordação *rekourdaçÃO*
supermarché supermercado *çoupèrmerkàdou*
tabac *(lieu de vente)* tabacaria *tâbakâria*, quiosque *kiòjke*
ticket de caisse ticket *tiké*, talão da caixa *tâlÃO dâ càïchâ*
vendeur vendedor *vENdedôr*
vendre vender *vENdér*
vêtements roupa *rôpa*, vestuário *vejtouàriou*

S'exprimer

est-ce qu'il y a un supermarché dans le quartier ?
há por aqui algum supermercado?
à pour aki àlgUM çoupèrmerkàdou ?

où est-ce que je peux acheter des cigarettes ?
onde é que posso comprar cigarros?
onde è ke pòçou kompràr cigàrrouj ?

je voudrais ...
(eu) queria...
(éou) keria ...

nous voudrions ...
(nós) queríamos...
(nòj) keriâmouj ...

je cherche ...
estou à procura de...
ejtô à pròkoura de ...

nous cherchons ...
estamos à procura de...
ejtâmouj à pròkoura de ...

est-ce que vous avez ... ?
tem/têm...?
tEM/tÊM ... ?

je n'ai pas assez d'argent
não tenho dinheiro que chegue
nÃO tégnou dignéïrou ke chégue

est-ce que vous savez où je peux en trouver (ailleurs) ?
sabe(m) onde é que posso encontrar (noutro lugar)?
çàbe(EM) onde è ke pòçou Enkontràr (nôtrou lougàr) ?

est-ce que vous pouvez me le commander ?
pode-mo mandar vir/encomendar?
pòde-mou mindàr vir/ENkoumENdàr ?

combien coûte ce ... ?
quanto é que custa este...?
kointou è ke koujta éjte ... ?

c'est bon, je le prends
está bem, vou levá-lo
ejtà bEM, vô levà-lou

vous ne pouvez pas me faire un petit rabais ?
não me pode fazer um pequeno desconto?
nÃO me pòde fazér UM pekénou dejkontou ?

je n'ai pas beaucoup d'argent
não tenho muito dinheiro
nÃO tégnou mouïtou dignéïrou

ça sera tout, merci
é tudo, obrigado(a)
è toudou, obrigàdou(a)

est-ce que je peux avoir un sac (plastique) ?
pode-me arranjar um saco (de plástico)?
pòde-me arrinjàr UM çàkou (de plàjtikou) ?

vous avez fait une erreur en me rendant la monnaie
deu-me o troco errado
déou-me ou trôkou irràdou

Comprendre

aberto das… às … ouvert de … à …
promoção promotion
saldos soldes

fechado aos domingos/das 13h às 15h
fermé le dimanche/de 13h à 15h

mais alguma coisa?
et avec ceci ?

quer(em) um saco?
est-ce que vous voulez un sac ?

Payer

S'exprimer

où est-ce qu'on paye ?
onde é que se paga?
onde è ke ce pàga ?

combien je vous dois ?
quanto é que lhe devo?
kointou è ke LHe dévou ?

pourriez-vous me l'écrire, s'il vous plaît ?
pode-mo escrever, se faz favor?
pòde-mou ejkrevér, ce fàj fâvôr ?

est-ce que je peux payer par Carte Bleue® ?
posso pagar com Multibanco?
pòçou pagàr kon moultibinkou ?

est-ce que vous acceptez les cartes de crédit ?
aceita(m) cartões de crédito?
acéïtâ(AM) kartÕEj de krèditou ?

je vais payer en liquide
vou pagar em dinheiro
vô pagàr EM dignéïrou

désolé, je n'ai pas de monnaie
desculpe, mas não tenho trocado
dejkoulpe, mâj nÃO tégnou troukàdou

est-ce que vous pouvez me faire de la monnaie ?
pode-me trocar dinheiro?
pòde-me troukàr dignéïrou ?

je peux avoir un reçu ?
pode-me dar um recibo?
pòde-me dàr UM recibou ?

Comprendre

tem/têm que/de pagar na caixa
payez à la caisse

como é que vai/vão pagar?
vous réglez comment ?

não tem/têm mesmo trocado?
vous n'avez pas du tout de monnaie ?

tem/têm algum documento de identificação?
vous avez une pièce d'identité ?

vou-lhe/vos pedir para assinar aqui
je vais vous demander de signer là

Alimentation

Déchiffrer les abréviations
Kg = quilo kg
g = grama g

S'exprimer

où est-ce qu'on peut acheter à manger à cette heure-ci ?
onde é que se pode comprar comida a esta hora?
onde è ke ce pòde kompràr koumida â èjta òra ?

y a-t-il un marché ?
há algum mercado?
à àlgUM merkàdou ?

y a-t-il une boulangerie dans le coin ?
há alguma padaria por aqui perto?
à àlgouma pàdaria pour aki pèrtou ?

je cherche le rayon des conserves
estou à procura (da secção) das conservas
ejtou à pròkoura (dâ cèkçÃO) dâj koncèrvaj

je voudrais 5 tranches de jambon
queria cinco fatias de fiambre/presunto
keria cINkou fâtiaj de fiAMbre/prezUNtou

je vais prendre un petit morceau de ce fromage de brebis
vou levar um bocado deste queijo de ovelha
vô levàr UM boukàdou déjte kéïjou de ouvéLHa

non, pas celui-ci, celui-là, plus à droite, oui c'est ça
não, não é esse, aquele, mais à direita, sim, é esse
nÃO, nÃO è éce, akéle, màïj à diréïta, cIM, è éce

c'est pour 4 personnes
é para quatro pessoas
è pâra koitrou peçôaj

environ 300 grammes
cerca de 300 gramas
cérka de trezENtouj grâmaj

un kilo de pommes de terre, s'il vous plaît
um quilo de batatas, se faz favor
UM kilou de batàtaj, ce fàj fâvôr

un peu plus/moins
um pouco mais/menos
UM pôkou màïj/ménouj

c'est possible de goûter ?
pode-se provar?
pòde-ce prouvàr?

ça se conserve bien ? on peut voyager avec ?
isso conserva-se bem? aguenta-se em viagem?
içou koncèrva-ce bEM ? agouENtâ-ce EM viàjEM ?

Comprendre

consumir antes de ... à consommer avant le ...
especialidades da região spécialités de la région
produtos lácteos/leitaria produits laitiers/crémerie
venda de pratos preparados traiteur

há mercado todos os dias até às 13h
il y a marché tous les jours jusqu'à 13h

há uma mercearia mesmo na esquina da rua que fica aberta à noite até tarde
il y a un épicier juste au coin de la rue qui reste ouvert tard le soir

Habillement

S'exprimer

je cherche le rayon hommes
estou à procura da secção para homens
ejtô à pròkoura dâ cèkçÃO pâra ômENj

non, merci, je regarde seulement
não, obrigado(a), estou só a ver
nÃO, obrigàdou(a), ejtô çò â vér

je peux l'essayer ?
posso experimentar?
pòçou éïjprimENtàr ?

je chausse du 39
calço o 39
kàlçou ou trINta i nòve

je voudrais essayer celui-là qui est en vitrine
gostava de experimentar o que está na montra
goujtàva de éïjprimENtàr ou ke ejtà na montra

où sont les cabines d'essayage ?
onde é que se experimenta?
onde è ke ce éïjprimENta ?

c'est trop large
é muito largo
è mouïtou làrgou

vous ne l'avez pas dans une autre couleur ?
não tem noutra cor?
nÃO tEM nôtra côr ?

est-ce que vous l'avez dans une plus petite/grande taille ?
tem/têm tamanho mais pequeno/maior?
tEM/tÊM tamâgnou màïj pekénou/maïòr ?

est-ce que vous les avez en rouge ?
tem/têm em vermelho?
tEM/tÊM EM verméLHou ?

oui, ça va, je les prends
está bem, vou levá-los(las)
ejtà bEM, vô levà-louj(lâj)

je vais réfléchir
vou pensar
vô pENçàr

non, je n'aime pas
não, não gosto
nÃO, nÃO gòjtou

Comprendre

aberto à noite às quintas-feiras nocturne le jeudi
cabines de prova cabines d'essayage
os artigos em saldo não podem ser trocados les articles en soldes ne peuvent pas être échangés
roupa de criança vêtements pour enfants
roupa de homem vêtements pour hommes
roupa de mulher vêtements pour femmes

excepcionalmente aberto ao domingo
ouverture exceptionnelle le dimanche

bom dia, posso ajudá-lo(la)?
bonjour, je peux vous aider ?

já só temos em azul e em preto
il ne nous en reste qu'en bleu ou en noir

já não temos nesse tamanho
il ne nous en reste plus dans cette taille

fica-lhe bem
ça vous va bien

então? o que é que acha?
alors ? qu'est-ce que vous en pensez ?

Souvenirs et cadeaux

S'exprimer

je cherche un cadeau à ramener
estou à procura duma prenda para levar
ejtô à pròkoura douma prENda pâra levàr

je voudrais quelque chose de facile à transporter
queria qualquer coisa fácil de transportar
keria koilkèr kôïza fàcil de trinjpourtàr

c'est pour une petite fille de quatre ans
é para uma menina de quatro anos
è pâra ouma menina de koitrou ânouj

est-ce que vous pouvez me faire un paquet-cadeau ?
pode-me fazer um embrulho para oferecer?
pòde-me fazér UM EMbrouLHou pâra ouferecér ?

Comprendre

em madeira/prata/ouro/lã/ algodão	en bois/argent/or/laine/coton
feito à mão	fait main
produto artesanal	produit artisanal

depende, quanto é que quer gastar?
ça dépend, combien vous êtes prêt à dépenser ?

é para oferecer?
c'est pour offrir ?

Quelques expressions familières

isso é um roubo! c'est de l'arnaque !
não tenho um tostão je n'ai pas un rond
isso custa os olhos da cara ça coûte les yeux de la tête
é dado c'est donné
saldos brutais soldes monstres

LES VÊTEMENTS

LES ACCESSOIRES

cor-de-laranja
branco
castanho
verde
azul
cor-de-rosa
vermelho
cinzento
violeta
preto
celeste
amarelo

PHOTO

Pour commencer

appareil jetable máquina descartável *màkina dejkartàvèl*
appareil numérique máquina digital *màkina digitàl*
appareil photo máquina fotográfica *màkina foutougràfika*
brillant brilhante *briLHinte*, com brilho *kon briLHou*
couleur a cores *â kôrej*
diapositive diapositivo *diapouzitivou*, slide *çlàïde*
exemplaire prova *pròva*
faire développer des photos pôr as fotografias a revelar *pôr âj foutougrafiaj â revelàr*
mat mate *màte*, sem brilho *cEM briLHou*
noir et blanc a preto e branco *â prétou i brinkou*
pellicule rolo *rôlou*
pose fotografia *foutougrafia*, exposição *éïjpouziçÃO*
prendre une photo/des photos tirar uma fotografia/fotografias *tiràr ouma foutougrafia/foutougrafiaj*

S'exprimer

est-ce que vous pourriez nous prendre en photo ?
será que nos podia(m) tirar uma fotografia?
cerà ke nouj poudia(AM) tiràr ouma foutougrafia ?

il suffit d'appuyer sur ce bouton
basta apoiar/carregar neste botão
bàjta apôïàr/karregàr néjte boutÃO

je voudrais une pellicule couleur 200 ASA
queria um rolo a cores de 200 ASA
keria UM rôlou â kôrej de douzentouj àza

est-ce que vous avez des pellicules noir et blanc ?
tem/têm rolos a preto e branco?
tEM/tÊM rôlouj â prétou i brinkou ?

ça coûte combien pour développer une pellicule de 36 poses ?
quanto é que custa a revelação de um rolo de 36 fotografias?
kointou è ke koujta â revelaçÃO de UM rôlou de trINta i céïj foutougrafiaj ?

je voudrais faire développer cette pellicule
queria mandar revelar este rolo
keria mindàr revelàr éjte rôlou

je voudrais faire des doubles de certaines photos
queria mandar repetir (fazer cópias de) algumas fotografias
keria mindàr repetir (fazér kòpiaj de) àlgoumaj foutougrafiaj

3 exemplaires de la numéro 4 et un de la 7
três (repetições) do número quatro e uma do sete
tréj (repetiçÕEj) dou noumerou koitrou i ouma dou cète

je viens chercher mes photos
venho buscar as minhas fotografias
végnou boujkàr âj mignaj foutougrafiaj

j'ai un problème avec mon appareil photo
tenho um problema com a minha máquina (fotográfica)
tégnou UM proubléma kon â migna màkina (foutougràfika)

je ne sais pas ce que c'est
não sei o que é
nÃO céï ou ke è

le flash ne marche pas
o flash não funciona
ou flàche nÃO fUNciôna

Comprendre

formato normal format standard

serviço expresso/revelação numa hora
service express/développement en une heure

talvez a pilha esteja gasta
c'est peut-être la pile qui est morte

fica/ficou em que nome?
c'est à quel nom ?

para quando é que as(os) quer(em)
vous les voulez pour quand ?

as fotografias ficam prontas a partir de quinta-feira ao meio-dia
vos photos seront prêtes à partir de jeudi midi

LA BANQUE

Les banques sont ouvertes de 8h30 à 15h, du lundi au vendredi. Certaines agences situées à l'intérieur des supermarchés ont des horaires plus souples. Les distributeurs automatiques sont nombreux. Repérables au logo bleu **MB**, ils permettent de retirer de l'argent avec la plupart des cartes de crédit.

Pour commencer

banque	banco *binkou*, banca *binka*
billet (de banque)	nota (de banco) *nòta (de binkou)*
Carte Bleue®	cartão Multibanco *kartÃO moultibinkou*
carte de crédit	cartão de crédito *kartÃO de krèditou*
chèque	cheque *chèke*
code confidentiel	código pessoal *kòdigou peçouàl*
commission	comissão *koumiçÃO*
compte (bancaire)	conta (bancária) *konta (binkària)*
distributeur (automatique)	caixa (automático/a) *kàïcha (àoutoumàtikou/a)*
guichet	guichet *guiché*, caixa *kàïcha*
pièce (de monnaie)	moeda *mouèda*
retirer de l'argent	levantar dinheiro *levintàr dignéïrou*
retrait	levantamento *levintamENtou*
travellers cheques	Traveller's Cheques *trâvelerej chèkej*
virement	transferência *trinjferÊNcia*

S'exprimer

les banques sont-elles ouvertes le samedi ?
os bancos estão abertos ao sábado?
ouj binkouj ejtÃO abèrtouj àou çàbadou ?

je cherche un distributeur automatique
estou à procura de um Multibanco
ejtô à pròkoura de UM moultibinkou

je voudrais faire un virement
queria fazer uma transferência
keria fazér ouma trinjferÊNcia

ça va prendre combien de temps ?
quanto tempo é que vai levar?
kointou tEMpou è ke vàï levàr ?

j'attends un mandat
estou à espera de um vale postal
ejtô à ejpèra de UM vàle poujtàl

je voudrais signaler la perte de mes cartes de crédit
era para informar que perdi os meus cartões de crédito
èra pâra INfourmàr ke perdi ouj méouj kartÕEj de krèditou

le distributeur de billets a avalé ma carte
o Multibanco comeu o meu cartão
ou moultibinkou kouméou ou méou kartÃO

Comprendre

insira o seu cartão
insérez votre carte

marque o seu código pessoal
tapez votre code confidentiel

seleccione o montante
choisissez votre montant

levantamento com recibo
retrait avec reçu

fora de serviço
appareil (momentanément) hors service

LA POSTE

Les bureaux de poste portent l'enseigne **CTT** et sont identifiés par un logo représentant un messager à cheval blanc sur fond rouge. Les boîtes aux lettres bleues sont destinées au **correio azul** (service rapide) et les boîtes rouges aux envois normaux. À l'intérieur des bureaux de poste (et parfois à l'extérieur sur la façade de l'immeuble), vous trouverez des boîtes aux lettres séparées pour le courrier national et international. Un service de courrier express **EMS** ainsi qu'un service de courrier en recommandé sont également disponibles.

Les timbres sont vendus à la poste, dans certains kiosques et dans les magasins affichant le logo rouge et blanc. On trouve des distributeurs de timbres dans certains aéroports et gares.

Les bureaux de poste sont généralement ouverts de 8h30 à 18h30, du lundi au vendredi (et le samedi dans les aéroports).

Déchiffrer les adresses
Voici quelques abréviations utilisées dans les adresses :

R. = rua	rue
Pr. = praça	place
Av. = avenida	avenue
R/c = rés-do-chão	rez-de-chaussée
Esq.º = esquerdo	gauche
Dt.º = direito	droit
A/C = ao cuidado de	à l'attention de

Le numéro de la rue vient après le nom de la rue.

Pour commencer

boîte aux lettres caixa do correio *kàïcha dou kourréïou*
carte postale postal (ilustrado) *poujtàl (iloujtràdou)*
code postal código postal *kòdigou poujtàl*
colis encomenda *ENkoumENda*
courrier correio *kourréïou*
écrire escrever *ejkrevér*
enveloppe envelope *ENvelòpe*
envoyer enviar *ENviàr*
lettre carta *kàrta*
par avion por avião *pour aviÃO*
poste correios *kourréïouj*
recevoir receber *recebér*
timbre selo *célou*

S'exprimer

où est-ce que je peux trouver un bureau de poste ?
onde é que posso encontrar uma estação dos correios?
onde è ke pòçou ENkontràr ouma ejtaçÃO douj kourréïouj ?

y a-t-il une boîte aux lettres par ici ?
há por aqui alguma caixa do correio?
à pour aki àlgouma kàïcha dou kourréïou ?

est-ce que la poste est ouverte le samedi ?
os correios estão abertos ao sábado?
ouj kourréïouj ejtÃO abèrtouj àou çàbadou ?

à quelle heure ferme la poste ?
a que horas fecham os correios?
â ke òraj féchAM ouj kourréïouj ?

je voudrais 5 timbres pour la France
queria cinco selos para França
keria cINkou célouj pâra frinça

combien coûte un timbre pour la Suisse ?
quanto é que custa um selo para a Suíça?
kointou è ke koujta UM célou pâra â çouiça ?

y a-t-il un tarif lent ?
há alguma tarifa lenta?
à àlgouma tarifa lENta ?

je voudrais envoyer ce colis à Lyon par avion
queria enviar esta encomenda por avião para Lyon
keria ENviàr èjta ENkoumENda pour aviÃO pâra lion

combien de temps ça met pour arriver ?
quanto tempo é que leva a chegar?
kointou tEMpou è ke lèva â chegàr ?

où est-ce que je peux acheter des enveloppes ?
onde é que posso comprar envelopes?
onde è ke pòçou kompràr ENvelòpej ?

y a-t-il du courrier pour moi ?
há correio para mim?
à kourréïou pâra mIM ?

si je reçois du courrier, est-ce que vous pourriez me le faire suivre en France ?
se chegar correio para mim, será que mo pode(m) enviar para França?
ce chegàr kourréïou pâra mIM, cerà ke mou poudia(AM) ENviàr pâra friça ?

Comprendre

destinatário(a)	destinataire
frágil	fragile
primeira recolha	première levée
remetente	expéditeur
última recolha	dernière levée
leva/demora entre 2 e 5 dias	ça met entre 2 et 5 jours

INTERNET

Pour commencer

adresse e-mail endereço de e-mail *ENderéçou de iméïl*
arobase arroba *arrôba*
café Internet ciber-café *cibèr-kafè*
clavier teclado *tèklàdou*
coller colar *koulàr*
copier copiar *koupiàr*
couper cortar *kortàr*
effacer apagar *apagàr*
e-mail e-mail *iméïl*, correio electrónico *kourréïou ilètrônikou*
envoyer un e-mail enviar um e-mail *ENviàr UM iméïl*
mot de passe password *pàceoueurd*, palavra passe *palàvra pàce*
recevoir receber *recebér*
sauvegarder salvar *çàlvàr*
télécharger fazer um download *fazér UM dàounlôde*, ir buscar à Internet *ir boujkàr à INtèrnète*
touche tecla *tèkla*

S'exprimer

y a-t-il un café Internet ici ?
há por aqui algum ciber-café?
à pour aki àlgUM cibèr-kafè ?

je dois aller au café Internet pour vérifier mon mail
tenho que/de ir ao ciber-café para verificar o meu mail
tégnou ke/de ir àou cibèr-kafè pâra verifikàr ou méou méïl

est-ce que vous avez une adresse e-mail ?
tem/têm algum endereço de e-mail?
tEM/tÊM àlgUM ENderéçou de i-méïl ?

je voudrais m'ouvrir une adresse e-mail
queria criar um endereço de e-mail
keria kriàr UM ENderéçou de i-méïl

je voudrais un ticket pour …
queria uma senha/um ticket para …
keria ouma cégna/UM tiké pâra ...

comment est-ce que je me connecte ?
como é que me ligo?
kômou è ke me ligou ?

est-ce que vous pouvez m'aider ? je ne sais pas comment ça marche
será que me pode(m) ajudar? não sei como é que isto funciona
cerà ke me pòde(EM) âjoudàr ? nÃO céï kômou è ke ijtou fUNciôna

je ne trouve pas l'arobase sur le clavier
não encontro o arroba no teclado
nÃO ENkontrou ou arrôba nou tèklàdou

ça ne marche pas
isto/isso não funciona
ijtou/içou nÃO fUNciôna

il y a un problème, c'est bloqué
há um problema, está bloqueado
à UM proubléma, ejtà bloukiàdou

est-ce qu'on peut téléphoner par Internet ici ?
pode-se telefonar aqui pela Internet?
pòde-ce telefounàr aki péla INtèrnète ?

Comprendre

caixa de envio/outbox boîte d'envoi
caixa de chegada/inbox boîte de réception

há cerca de vinte minutos de espera
il y a environ 20 minutes d'attente

posso inscrevê-lo(a) na lista
je peux vous inscrire sur la liste

LE BUREAU

o computador
os post-its
o clipe
o ecrã
a luminária de mesa
a régua
a caneta
os lápis
o rato
o teclado
as borrachas
o caderno
a calculadora
a tesoura
o agrafador
o livro
o compasso
os marcadores
a cola
o marcador de página
a agenda
a fita-cola
o relógio
o dossier
o telemóvel
os jornais
os óculos

TÉLÉPHONE

Normalement, les numéros de téléphone sont énoncés unité par unité; cependant, il n'y a pas de règle définie. Le zéro est prononcé "zèrou". Les nombres doubles sont prononcés séparément, c'est-à-dire, unité par unité (par exemple "33" se prononce "tréj tréj").

Au Portugal, vous pouvez trouver des cabines téléphoniques au style anglais (rouges); les plus récentes sont beiges avec un petit abri. Il y a également un grand nombre de téléphones muraux ou sur poteaux, blancs ou bleus. La carte de téléphone Portugal Telecom fonctionne surtout à Lisbonne et Porto ; la carte Credifone est plus courante dans le reste du pays. Vous pouvez les acheter dans les boutiques Portugal Telecom, les bureaux de poste, certains kiosques et bureaux de tabac. Certaines cabines permettent l'utilisation de cartes de crédit.

Pour téléphoner au Portugal à partir de la France, composez le 00 + 351 + numéro à 9 chiffres ; pour téléphoner en France à partir du Portugal, composez le 00 + 33.

Pour commencer

allô *(personne qui appelle)*	está *ejtà*
allô *(personne qui décroche)*	estou *ejtô*
annuaire	lista telefónica *lijta telefônika*
appel international/national/local	chamada internacional/nacional/local *chamàda INternaciounàl/naciounàl/loukàl*
appeler quelqu'un	telefonar a alguém *telefounàr â àlguEM*
cabine téléphonique	cabine de telefone *kàbine de telefône*
carte de téléphone	cartão telefónico *kartÃO telefônikou*
message	mensagem *mENçàgEM*
numéro de téléphone	número de telefone *noumerou de telefône*
Pages Jaunes®	páginas amarelas *pàginaj âmarèlaj*
portable	telemóvel *tèlèmòvèl*
renseignements	informações *INfourmaçÕEj*

répondeur — atendedor de chamadas *atENdedôr de chamàdaj*

téléphone — telefone *telefône*

téléphoner — telefonar *telefounàr*

S'exprimer

où est-ce que je peux acheter une carte de téléphone ?
onde é que posso comprar um cartão telefónico?
onde è ke pòçou kompràr UM kartÃO telefônikou ?

une carte de téléphone de .... euros, s'il vous plaît
um cartão telefónico de ... euros, se faz favor
UM kartÃO telefônikou de ... éouroj, ce fàj fâvôr

est-ce que vous savez s'il y a une cabine téléphonique près d'ici ?
sabe(m) se há por aqui alguma cabine de telefone?
çàbe(EM) se à pour aki àlgouma kàbine de telefône ?

pourriez-vous me faire la monnaie de ..., c'est pour téléphoner ?
podia-me trocar ... para telefonar?
poudia-me troukàr ... pâra telefounàr ?

je voudrais appeler en PCV
queria fazer uma chamada a pagar no destino
keria fazér ouma chamàda â pagàr nou dejtinou

est-ce que vous pouvez répéter plus lentement ?
será que podia repetir mais devagar?
cerà ke poudia repetir màïj devagàr ?

est-ce que vous pouvez parler plus fort ?
será que podia falar mais alto?
cerà ke poudia falàr màïj àltou ?

est-ce qu'il y a une prise pour que je recharge mon portable ?
há uma tomada para poder recarregar o meu telemóvel?
à ouma toumàda pâra poudér rekarregàr ou méou tèlèmòvèl ?

tu as un numéro de portable ?
tens telemóvel?
tENj tèlèmòvèl ?

est-ce que vous parlez français ?
fala(m) francês?
fàla(AM) frincéj ?

tu as eu mon message ?
recebeste a minha mensagem?
recebéjte â migna mENçàgEM ?

Comprendre

aceita moedas de …
accepte les pièces de …

carregue na tecla de cardinal
appuyez sur la touche dièse

o número que acabou de marcar não se encontra atribuído
le numéro que vous avez demandé n'est pas attribué

Formules usuelles

S'exprimer

allô, qui est à l'appareil ?
estou sim, quem fala?
ejtô cIM, kEM fàla ?

c'est de la part de qui ?
é da parte de quem?
è dâ pàrte de kEM ?

allô, c'est Pierre, est-ce que je suis bien chez … ?
está, é o Pierre, estou a telefonar para…?
ejtà, è ou pièrre, ejtô â telefounàr pâra ... ?

allô, bonjour, je voudrais parler à M. …, de la part de …
está, sim, bom dia, gostaria de falar com o Sr. …, é da parte de …
ejtà, cIM, bom dia, goujtaria de falar kon ou cegnor ... è dâ pàrte de ...

vous vous êtes trompé de numéro
enganou-se no número
enganô-se nou noumerou

un instant, s'il vous plaît
um momento, se faz favor
UM moumENtou, ce fàj fâvôr

ne quittez pas
não desligue
nÃO dejligue

je vous le passe
vou-lho passar
vô-LHou paçàr

il est sorti
ele saiu
éle çaïou

il sera de retour dans une demi-heure
ele volta daqui a meia hora
éle vòlta dâki â méïa òra

pouvez-vous lui dire que j'ai appelé ?
pode-lhe dizer que eu telefonei?
pòde-LHe dizér ke éou telefounéï ?

mon nom est … et mon numéro le …
o meu nome é … e o meu número é o …
ou méou nôme è ... i ou méou noumerou è ou ...

est-ce que vous pouvez lui demander de me rappeler ?
será que lhe podia pedir para me telefonar (mais tarde)?
cerà ke LHe poudia pedir pâra me telefounàr (màïj tàrde) ?

est-ce que vous savez quand je peux le joindre ?
sabe quando é que eu o/a posso encontrar?
çàbe koindou è ke éou ou/a pòçou ENkontràr ?

il peut me joindre au …
pode-me contactar para o …
pòde-me kontaktàr pâra ou ...

je rappellerai (plus tard)
depois volto a telefonar
depôïj vòltou â telefounàr

je vous remercie, au revoir
agradeço-lhe imenso, bom dia/boa tarde/boa noite
âgradéçou-LHe imENçou, bom dia/bôa tàrde/bôa nôïte

on s'appelle bientôt ?
telefonamo-nos brevemente?
telefounamou-nouj brèvemENte ?

on se rappelle, ok ?
depois voltamos a falar, ok?
depôïj vòltamouj â falàr, òkéï ?

Comprendre

um momento, vou-lho passar
un instant, je vous le passe

ele não está, quer deixar uma mensagem?
il n'est pas là, est-ce que vous voulez laisser un message ?

depois digo-lhe que telefonou
je lui dirai que vous avez appelé

deixe uma mensagem após o sinal (sonoro)
veuillez laisser un message après le bip

Problèmes

S'exprimer

je ne connais pas l'indicatif
não sei qual é o indicativo
nÃO céï kouàl è ou INdikativou

ça ne répond pas
ninguém atende
nINguEM atENde

ça sonne occupé
está a dar sinal de ocupado
ejtà â dàr cinàl de òkoupàdou

je n'ai pas réussi à le joindre
não consegui contactar com ele
nÃO koncegui kontaktàr kon éle

il ne me reste plus beaucoup d'unités sur ma carte
já não tenho muitos períodos no meu cartão
jà nÃO tégnou mouïtouj perioudos nou méou kartÃO

attends, ça va couper, il faut que je rajoute de la monnaie
espera, vai desligar, tenho que/de pôr mais moedas
ejpèrâ, vàï dejligàr, tégnou ke/de pôr màïj mouèdaj

il n'y a pas de réseau ici
aqui não há rede
aki nÃO à réde

il y a une très mauvaise réception
está-se a ouvir muito mal
ejtà-se â ôvir mouïtou màl

vous savez où je peux trouver une recharge pour mon téléphone portable ?
sabe onde é que posso arranjar um cartão para o meu telemóvel?
çàbe onde è ke pòçou arrinjàr UM kartÃO pâra ou méou tèlèmòvèl?

Comprendre

estou a ouvi-lo(a) muito mal
je vous entends très mal

a chamada caiu
on a été coupés

deve-se ter enganado no número
vous avez dû vous tromper de numéro

SANTÉ

Si vous êtes ressortissant de l'Union européenne, procurez-vous avant de partir le formulaire européen E111 auprès de votre centre de Sécurité sociale. Ce formulaire vous permettra d'être remboursé, à votre retour en France et sur présentation d'un reçu, pour des soins délivrés par le service public de santé portugais pendant votre séjour au Portugal.

Si vous voulez être remboursé, vous devez consulter un généraliste avant d'aller voir un spécialiste.

Les pharmacies sont ouvertes de 9h à 13h et de 15h à 19h et indiquent sur la porte ou la vitrine l'adresse des pharmacies de garde. Bon nombre de médicaments soumis dans d'autres pays à la présentation d'une ordonnance médicale sont en vente sans ordonnance au Portugal. Seules les pharmacies sont habilitées à vendre des médicaments.

En cas d'urgence, appelez le 112, qui vous met en contact avec l'équivalent de SOS Médecins en France.

Pour commencer

alcool à 90°	álcool a 90° *àlkòl â nouvENta gràouj*
allergie	alergia *alergia*
ambulance	ambulância *imboulincia*
aspirine	aspirina *ajpirina*
bouton	borbulha *bourbouLHa*
cassé	partido *partidou*
comprimé	comprimido *komprimidou*
dentiste	dentista *dENtijta*
désinfecter	desinfectar *dezINfètàr*
fièvre	febre *fèbre*
généraliste	clínico geral *klinikou geràl*
gynécologue	ginecologista *ginèkoulougijta*
hôpital	hospital *òjpitàl*

intoxication alimentaire intoxicação alimentar *INtòkcikaçÃO alimENtàr*
médecin médico *mèdikou*
médicament medicamento *medikamENtou*
pansement penso *pENçou*
pharmacie farmácia *farmàcia*
pommade pomada *poumàda*
radio (rayons X) radiografia *ràdiougrafia*
règles (avoir ses) estar com o período *ejtàr kon ou perioudou*
sang sangue *cingue*
urgences urgências *ourgÊNciaj*
vaccin vacina *vâcina*
vomir vomitar *voumitàr*

S'exprimer

est-ce que quelqu'un aurait une aspirine par hasard ?
alguém tem por acaso uma aspirina?
àlguEM tEM pour akàzou ouma âjpirina ?

j'ai besoin d'aller voir un docteur
tenho que/de ir ao médico
tégnou ke/de ir àou mèdikou

où est-ce que je peux trouver un médecin à cette heure-là ?
onde é que a esta hora posso encontrar um médico?
onde è ke â èjta òra pòçou ENkontràr UM mèdikou ?

je voudrais prendre un rendez-vous pour aujourd'hui
queria marcar uma consulta para hoje
keria markàr ouma konçoulta pâra ôje

le plus tôt possible
o mais cedo possível
ou màïj cédou poucivèl

non, ce n'est pas grave
não, não é grave
nÃO, nÃO è gràve

pouvez-vous faire venir une ambulance au ...
será que podia(m) mandar uma ambulância ao...
cerà ke poudia(AM) mindàr ouma imboulincia àou ...

je voudrais une solution de rinçage pour lentilles souples
queria uma solução para limpeza de lentes moles
keria ouma çoulouçÃO pâra lIMpéza de lENtej mòlej

j'ai cassé mes lunettes
parti os meus óculos
parti ouj méouj òkoulouj

Comprendre

consultório médico	cabinet médical
receita	ordonnance
urgências	urgences

não há nenhuma vaga antes de quinta-feira
il n'y a rien de libre avant jeudi

sexta-feira às 14 horas, pode ser?
vendredi à 14 heures, ça vous convient ?

Chez le médecin/à l'hôpital

S'exprimer

j'ai rendez-vous avec le Docteur …
tenho uma consulta com o Dr. …
tégnou ouma konçoulta kon ou dôtôr ...

je ne me sens pas bien
não me sinto bem
nÃO me cINtou bEM

je me sens très faible
sinto-me muito fraco(a)
cINtou-me mouïtou fràkou(a)

je ne sais pas ce que c'est
não sei o que é que é
nÃO céï ou ke è ke è

j'ai été piqué/mordu par…
fui picado(a)/mordido(a) por…
fouï pikàdou(a)/mourdidou(a) pour ...

j'ai mal à la tête/au ventre/au dos/à la gorge/aux dents
dói-me a cabeça/a barriga/as costas/a garganta/os dentes
dòï-me â kabéça/â barriga/âj kòjtaj/â garguinta/ouj dENtej

j'ai mal au cœur
estou enjoado/a
ejtô ENjouàdou/a

j'ai mal ici
dói-me aqui
dòï-me aki

ça fait mal
isso dói
içou dòï

ça s'est aggravé
piorou
piourô

ça fait trois jours
há três dias
à tréj diaj

c'est la première fois que ça m'arrive
é a primeira vez que isto me sucede
è â priméïra véj ke ijtou me çoucède

ça a commencé la nuit dernière
começou na noite passada
koumeçô na nôïte paçàda

je suis cardiaque
sofro do coração
çôfrou dou kouraçÃO

j'ai de la fièvre
tenho febre
tégnou fèbre

je fais de l'asthme
sou asmático(a)
çô ajmàtikou(a)

je suis sous antibiotiques depuis une semaine et ça ne va pas mieux
há uma semana que estou a tomar antibióticos e não estou melhor
à ouma cemâna ke ejtô â toumàr intibiòtikouj i nÃO ejtô meLHòr

ça me démange
tenho comichão
tégnou koumichÃO

je prends la pilule/la minipilule
tomo a pílula/a mini-pílula
tòmou â piloula/â minipiloula

j'ai besoin de la pilule du lendemain
preciso da pílula do dia seguinte
precizou dâ piloula dou dia ceguINte

je suis enceinte de … mois
estou grávida de … meses
ejtô gràvida de ... mézej

je me suis tordu la cheville
torci o pé
tourci ou pè

je suis tombé sur le dos
caí de costas
kâï de kòjtaj

j'ai eu une syncope
tive uma síncope
tive ouma cINkoupe

j'ai perdu un plombage
perdi o chumbo de um dente
perdi ou chUMbou de UM dENte

c'est grave ?
é grave?
è gràve ?

c'est contagieux ?
é contagioso/pega-se?
è kontagiôzou/pèga-ce ?

comment va-t-il ?
como é que ele está?
kômou è ke éle ejtà ?

SANTÉ

combien je vous dois ?
quanto é que lhe devo?
kointou è ke LHe dévou ?

est-ce que je peux avoir un reçu pour me faire rembourser ?
pode-me dar um recibo?
pòde-me dàr UM recibou ?

Comprendre

pode aguardar na sala de espera
si vous voulez bien patienter dans la salle d'attente

onde é que lhe dói?
où est-ce que ça vous fait mal ?

respire fundo
respirez bien fort

deite-se, se faz favor
allongez-vous, s'il vous plaît

dói-lhe quando carrego aqui?
ça vous fait mal quand j'appuie là ?

está vacinado(a) contra...?
êtes-vous vacciné contre ... ?

é alérgico(a) a...?
êtes-vous allergique à ... ?

está a tomar alguma coisa?
avez-vous des traitements en cours ?

tome uma cápsula se lhe doer
prenez une gélule en cas de douleur

deve passar ao fim de alguns dias
ça devrait passer en quelques jours

deve cicatrizar rapidamente
ça devrait cicatriser rapidement

vai ter que se operar
il va falloir opérer

volte cá daqui a uma semana
revenez me voir dans une semaine

À la pharmacie

S'exprimer

une boîte de pansements, s'il vous plaît
uma caixa de pensos, se faz favor
ouma kàïcha de pENçouj, ce fàj fâvôr

j'ai attrapé un rhume
apanhei uma constipação
âpagnéï ouma konjtipaçÃO

je suis allergique à l'aspirine
sou alérgico(a) à aspirina
çô alèrgikou(a) à âjpirina

j'aurais besoin de quelque chose contre la toux
precisava de qualquer coisa contra a tosse
precizàva de koilker kôïza kontra â tòce

je voudrais prendre de l'homéopathie
gostava de tomar qualquer coisa homeopática
goujtàva de toumàr koilker kôïza òmiòpàtika

Comprendre

aplicar	appliquer
cápsula	gélule
comprimido	cachet, comprimé
contra-indicações	contre-indications
em pó	en poudre
pomada	pommade
só com receita	uniquement sur ordonnance
tabletes	tablettes
tomar três vezes por dia antes das refeições	à prendre trois fois par jour avant les repas
xarope	sirop

Quelques expressions familières

dar-lhe um fanico tomber dans les pommes
estar adoentado être mal fichu
estar de molho être cloué au lit

PROBLÈMES, URGENCES

Dans les principales villes portugaises, la sécurité publique est assurée par la **PSP** (Polícia de Segurança Pública), tandis que dans les zones rurales, cette tâche est accomplie par la **GNR** (Guarda Nacional Republicana). La **BT** (Brigada de Trânsito) est une division de la GNR responsable de la police des routes (les policiers de la BT portent un brassard rouge).

Pour commencer

accident	acidente *âcidENte*
ambulance	ambulância *imboulinciâ*
blessé	ferido *feridou*
cassé	partido *partidou*
en retard	atrasado(a) *âtrazàdou(a)*
handicapé	deficiente *deficiENte*
incendie	incêndio *INcÊNdiou*
malade	doente *douENte*
médecin	médico *mèdikou*
police	polícia *poulicia*
pompiers	bombeiros *bombéïrouj*
urgence	urgência *ourgÊNcia*, emergência *imergÊNcia*

S'exprimer

est-ce que vous pourriez m'aider ?
será que me podia ajudar?
cerà ke me poudia âjoudàr ?

au secours !
socorro!
çoukôrrou !

attention !
atenção!
âtENçÃO !

c'est urgent !
é urgente!
è ourgENte !

est-ce qu'il y a quelqu'un ici qui parle français ?
há aqui alguém que fale francês?
à âki àlguÉM ke fàle fraincéj ?

je dois contacter le consulat
tenho que/de entrar em contacto com o consulado
tégnou ke/de ENtràr EM kontàktou kom ou konçoulàdou

où est le commissariat le plus proche ?
onde é que é a esquadra mais próxima?
onde è ke è â ejkouadra màïj pròcima ?

que dois-je faire ?
o que é que devo fazer?
ou ke è ke dévou fâzér ?

on m'a volé mes papiers
roubaram-me os meus documentos
rôbàrAM-me ouj méouj doukoumENtouj

j'ai perdu …
perdi…
perdi ...

j'ai été agressé
fui agredido
fouï âgredidou

mon enfant a disparu
o meu filho/a minha filha desapareceu
ou méou fiLHou/â migna fiLHâ dezâparecéou

ma voiture a été emmenée à la fourrière
o meu carro foi rebocado pela polícia
ou méou kàrrou fôï reboukàdou péla poulicia

cet homme me suit depuis un moment
já há um bocado que este homem me anda a seguir
jà à UM boukàdou ke éjte ômEM me indâ â ceguir

on a forcé la porte de ma voiture
arrombaram a porta do meu carro
ârrombàrAM â pòrta dou méou kàrrou

y a-t-il un accès pour handicapés ?
há algum acesso especial para deficientes?
à àlgUM acèçou ejpeciàl pâra deficiENtej ?

pouvez-vous surveiller mes affaires un instant ?
pode(m)-me guardar as minhas coisas por um bocadinho?
pòde(EM)-me gouardàr âj mignaj kôïzaj pour UM boukadignou ?

il est en train de se noyer, il faut appeler un secouriste
ele está-se a afogar, tem que/de se chamar um socorrista
éle ejtà-se â âfougàr, tEM ke/de se chamàr UM çoukourrijta

il est là-bas
ele está ali
éle ejtà âli

Comprendre

avariado(a)	en panne
cuidado com o cão	chien méchant
polícia que dá os primeiros socorros	police secours
saída de emergência	sortie de secours
secção de perdidos e achados	bureau des objets trouvés
serviço de reboque	service de dépannage
socorros de montanha	secours de montagne

Police et douane

S'exprimer

je dois faire une déclaration de vol
tenho de fazer uma participação de roubo
tégnou de fazér ouma participaçÃO de rôbou

j'ai besoin d'un certificat de police pour ma compagnie d'assurance
preciso de uma declaração da polícia para a minha companhia de seguros
precizou de ouma deklâraçÃO dâ poulicia pâra â migna kompâgnia de cegourouj

Comprendre

Remplir un formulaire

apelido, sobrenome	nom
nome (de baptismo)	prénom
endereço, morada	adresse
código postal	code postal
país	pays
nacionalidade	nationalité
data de nascimento	date de naissance
local de nascimento	lieu de naissance
idade	âge
sexo	sexe
duração da estadia	durée du séjour

data de chegada/de partida date d'arrivée/de départ
profissão profession
número de passaporte numéro de passeport

pode(m) abrir este saco?
pouvez-vous ouvrir ce sac ?

o que é que lhe falta?
qu'est-ce qu'il vous manque ?

quando é que isso sucedeu?
quand cela s'est-il passé ?

onde é que está alojado?
où logez-vous ?

consegue descrevê-lo?
pouvez-vous le décrire ?

pode(m) assinar aqui?
pouvez-vous signer ici ?

tem(têm) que/de pagar taxa alfandegária sobre este artigo
il y a des droits de douane à payer sur cet article

Quelques expressions familières

bófia flic
atrás das grades en taule

LA DATE, L'HEURE, LE TEMPS

L'expression du temps

Pour commencer

à l'heure du déjeuner	à hora do almoço *à òra dou àlmôçou*
année	ano *ânou*
après	depois *depôïj*
avant	antes *intej*
bientôt	brevemente *brèvemENte*
dans la soirée	à noite *à nôïte*
de … à …	de…a… *de ... â ...*
déjà	já *jà*
depuis	desde *déjde*, há *à*
dernier	último *oultimou*, passado *paçàdou*
de temps en temps	de tempos a tempos *de tEMpouj â tEMpouj*
en avance	adiantado *âdiintàdou*
en ce moment	neste momento *néjte moumENtou*
en début/milieu/fin de	no início/meio/fim de *nou iniciou/méïou/ fIM de*
en retard	atrasado *âtrazàdou*
encore	ainda *âINda*
entre … et …	entre…e… *ENtre ... i ...*
jamais	nunca *nUNka*, jamais *jàmàïj*
jour	dia *dia*
jusqu'à	até *âtè*
longtemps	muito tempo *mouïtou tEMpou*
maintenant	agora *âgòra*
matin	manhã *mâgnin*
midi	meio-dia *méïou-dia*
nuit	noite *nôïte*
pas encore	ainda não *âINda nÃO*
pendant	durante *dourinte*
prochain	próximo *pròcimou*
rarement	raramente *ràramENte*
récemment	recentemente *recENtemENte*

LA DATE, L'HEURE, LE TEMPS

semaine	semana *cemâna*
soir	noite *nôïte*
souvent	frequentemente *frekouENtemENte*
tard	tarde *tàrde*
tôt	cedo *cédou*
toujours	sempre *cEMpre*
tout de suite	imediatamente *imediàtamENte*
week-end	fim-de-semana *fIM-de-cemâna*

S'exprimer

à tout à l'heure !
até logo!
âtè lògou !

désolé, je suis en retard
peço desculpa, estou atrasado
pèçou dejkoulpa, ejtô âtrazàdou

je n'ai pas encore été là-bas
ainda lá não fui
âINda là nÃO fouï

j'ai tout mon temps
não tenho pressa
nÃO tégnou prèça

dépêchez-vous
despache-se/despachem-se
dejpàche-se/dejpàchEM-se

je me suis couché tard
deitei-me tarde
déïtéï-me tàrde

je me suis levé très tôt
levantei-me muito cedo
levintéï-me mouïtou cédou

j'ai attendu longtemps
esperei muito tempo
ejperéï mouïtou tEMpou

à lundi !
até segunda!
âtè cegUNda !

on est arrivés trop tard
chegámos demasiado tarde
chegàmouj demaziàdou tàrde

je n'ai pas eu le temps de ...
não tive tempo para ...
nÃO tive tEMpou pâra ...

je suis pressé
estou com pressa
ejtô kom prèça

un instant, s'il vous plaît
(espere) um momento, se faz favor
(ejpère) UM moumENtou, ce fàj fâvôr

on s'est couchés tard
deitámo-nos tarde
déïtàmou-nouj tàrde

on s'est levés très tôt
levantámo-nos muito cedo
levintàmou-nouj mouïtou cédou

on a attendu longtemps
esperámos muito tempo
ejperàmouj mouïtou tEMpou

je dois me réveiller très tôt demain pour prendre l'avion
amanhã tenho que/de me levantar muito cedo para apanhar o avião
àmâgnin tégnou ke/de me levintàr mouïtou cédou pâra âpagnàr ou aviÃO

l'après-midi, je fais une sieste
à tarde, durmo a sesta
à tàrde, dourmou â cèjta

il ne nous reste plus que 4 jours
já só temos quatro dias
jà çò témouj koitrou diaj

La date

Pour commencer

après-demain depois de amanhã *depôïj de àmâgnin*
aujourd'hui hoje *ôje*
avant-hier anteontem *inteontEM*
dans deux jours daqui a dois dias *dâki â dôïj diaj*
demain amanhã *àmâgnin*
demain matin amanhã de manhã *àmâgnin de mâgnin*
hier ontem *ontEM*
hier matin/après-midi/ soir ontem de manhã/à tarde/à noite *ontEM de mâgnin/à tàrde/à nôïte*
il y a ... há... *à ...*

S'exprimer

je suis né en ...
nasci em...
nâjci EM ...

je suis déjà venu il y a plusieurs années
já vim há vários anos
jà vIM à vàriouj ânouj

j'ai passé un mois au Portugal il y a quelques années
passei um mês em Portugal há alguns anos
pâcéï UM méj EM pourtougàl à àlgUNj ânouj

j'étais venu l'année dernière à la même époque
vim no ano passado pela mesma altura
vIM nou ânou pâçàdou péla méjma àltoura

on est le combien aujourd'hui ?
a quantos estamos hoje?
â kointouj ejtâmouj ôje ?

on est quel jour aujourd'hui ?
que dia é hoje?
ke dia è ôje ?

on est mardi 1er mai
hoje é terça-feira, dia um de Maio
ôje è térça-féïra, dia UM de màïou

je reste jusqu'à dimanche
fico até domingo
fikou âtè doumINgou

on s'en va demain
vamos embora amanhã
vâmouj EMbòra àmâgnin

j'ai déjà quelque chose de prévu mardi
já tenho uma coisa prevista para terça-feira
jà tégnou ouma kôïza previjta pâra térça-féïra

Comprendre

aberto ao domingo de manhã ouvert le dimanche matin
todos os dias tous les jours
todos os sábados tous les samedis
três vezes por dia/hora trois fois par jour/heure
uma vez une fois

foi construído(a) em meados do século XIX
ça a été construit au milieu du XIXe siècle

sai uma vez de quinze em quinze dias
ça sort une fois toutes les deux semaines

as pessoas saem sobretudo ao fim-de-semana, durante a semana saem pouco
les gens sortent surtout le week-end, très peu en semaine

há muitos festivais durante o Verão
il y a beaucoup de festivals pendant l'été

quando é que se vai(vão) embora?
quand est-ce que vous repartez ?

fica(m) até quando?
vous restez jusqu'à quand ?

Comment dire la date

le 2 janvier 2004	**2 de Janeiro de 2004**
en juin 2004	**em Junho de 2004**
de 2003 à 2004	**de 2003 a 2004**
au 1er siècle av. J.-C.	**no século I (um) antes de Cristo (A.C.)**
au IIIe siècle ap. J.-C.	**no século III (três) depois de Cristo (D.C.)**
l'art du XIXe siècle	**a arte do século XIX (dezanove)**
au début/au milieu/à la fin du XVIIe siècle	**no início/em meados/no final do século XVII (dezassete)**

L'heure

Comment dire l'heure

4h de l'après-midi	**4 (quatro) horas da tarde**
16 heures	**16 (dezasseis) horas**

Pour commencer

à l'heure	à hora *à òra*, a horas *â òraj*
de l'après-midi	da tarde *dâ tàrde*
du matin	da manhã *dâ mâgnin*
être en avance	estar adiantado(a) *ejtàr âdiintàdou(a)*
être en retard	estar atrasado(a) *ejtàr âtrazàdou(a)*
midi	meio-dia *méïou-dia*
minuit	meia-noite *méïa-nôïte*
trois quarts d'heure	três quartos de hora *tréj koirtouj de òra*
une demi-heure	uma meia hora *ouma méïa òra*
un quart d'heure	um quarto de hora *UM koirtou de òra*
vingt minutes	vinte minutos *vINte minoutouj*

S'exprimer

excusez-moi, est-ce que vous auriez l'heure, s'il vous plaît ?
desculpe(m), tem/têm horas, se faz favor?
dejkoulpe(EM), tEM/tÊM òraj, ce fàj fâvôr?

quelle heure est-il ?
que horas são?
ke òraj çÃO?

il est presque treize heures
são quase treze horas
çÃO koize tréze òraj

il est trois heures pile
são três horas certas
çÃO tréj òraj cèrtaj

il est midi moins vingt
é meio-dia menos vinte
è méïou-dia ménouj vINte

il est une heure dix
é uma e dez
è ouma i dèj

il est une heure et quart
é uma e um quarto
è ouma i UM koirtou

il est une heure moins le quart
é uma menos um quarto
è oumâ ménouj UM koirtou

il est une heure et demie
é uma e meia
è ouma i méïa

il est midi vingt
é meio-dia e vinte
è méïou-dia i vINte

je suis arrivé vers deux heures
cheguei por volta das duas (horas)
cheguéï pour vòlta dâj douaj (òraj)

je me suis couché vers les deux heures
deitei-me por volta das duas (horas)
déïtéï-me pour vòlta dâj douaj (òraj)

j'ai mis le réveil à neuf heures
pus o despertador para as nove (horas)
pouj ou dejpertadôr pâra âj nòve (òraj)

le train a eu quinze minutes de retard
o comboio teve um atraso de quinze minutos
ou kombòïou téve UM âtràzou de quINze minoutouj

je suis rentré il y a une heure
cheguei há uma hora
cheguéï à ouma òra

j'ai attendu vingt minutes
esperei vinte minutos
ejperéï vINte minoutouj

on se retrouve dans une demi-heure ?
encontramo-nos daqui a meia hora?
ENkontrâmou-nouj dâki â méïa òra ?

je serai de retour d'ici un quart d'heure
volto daqui a um quarto de hora
vòltou dâki â UM koirtou de òra

il y a trois heures de décalage entre … et …
há três horas de diferença entre… e…
à tréj òraj de diferENça ENtre ...i ...

Comprendre

partidas de hora a hora/a todas as horas
départ toutes les heures

guichet aberto das 10h às 16h sem interrupção
guichet ouvert de 10h à 16h sans interruption

é todos os dias às dezanove horas
ça se joue tous les jours à 19 heures

dura cerca de uma hora e meia
ça dure environ une heure et demie

abre a partir das dez horas
ça ouvre à partir de 10 heures

Quelques expressions familières

às duas horas em ponto à 2 heures pile
às 8 horas e qualquer coisa à 8 heures et des poussières

LES NOMBRES

Quelques exemples pour bien prononcer et écrire un montant :

EUR 1.923,67	mil novecentos e vinte e três euros e sessenta e sete cêntimos *mil nòvecENtouj i vINte i tréj éouroj i ceçENta i cète cÊNtimouj*
EUR 123	cento e vinte e três euros *cENtou i vINte i tréj éouroj*
EUR 0,65	sessenta e cinco cêntimos *ceçENta i cINkou cÊNtimouj*

0	zero *zèrou*
1	um *UM*, uma *ouma*
2	dois *dôïj*, duas *douaj*
3	três *tréj*
4	quatro *koitrou*
5	cinco *cINkou*
6	seis *céïj*
7	sete *cète*
8	oito *ôïtou*
9	nove *nòve*
10	dez *dèj*
11	onze *onze*
12	doze *dôze*
13	treze *tréze*
14	catorze *kâtôrze*
15	quinze *kINze*
16	dezasseis *dezacéïj*
17	dezassete *dezacète*
18	dezoito *dezòïtou*
19	dezanove *dezanòve*
20	vinte *vINte*
21	vinte e um/uma *vINte i UM/ouma*
22	vinte e dois/duas *vINte i dôïj/douaj*
30	trinta *trINta*
35	trinta e cinco *trINta i cINkou*
40	quarenta *kouârENta*
50	cinquenta *cINkouENta*

60	sessenta *ceçENta*
70	setenta *cetENta*
80	oitenta *ôïtENta*
90	noventa *nouvENta*
100	cem *cEM*
101	cento e um/uma *cENtou i UM/ouma*
200	duzentos/as *douzENtouj/aj*
500	quinhentos/as *kignENtouj/aj*
1 000	mil *mil*
2 000	dois/duas mil *dôïj/douaj mil*
10 000	dez mil *dèj mil*
1 000 000	um milhão *UM miLHÃO*
premier	primeiro *priméïrou*
deuxième	segundo/a *cegUNdou/a*
troisième	terceiro/a *terçéïrou/a*
quatrième	quarto/a *koirtou/a*
cinquième	quinto/a *kINtou/a*
sixième	sexto/a *céïjtou/a*
septième	sétimo/a *cètimou/a*
huitième	oitavo/a *ôïtàvou/a*
neuvième	décimo/a *dècimou/a*
vingtième	vigésimo/a *vigèzimou/a*
vingt et unième	vigésimo/a primeiro/a *vigèzimou/a priméïrou/a*

20 plus 3 égale 23
vinte mais três são 23
vINte màïj tréj çÃO vINte i tréj

20 moins 3 égale 17
20 menos 3 são 17
vINte ménouj tréj çÃO dezacète

20 multiplié par 4 égale 80
20 vezes 4 são 80
vINte vézej koitrou çÃO ôïtENta

20 divisé par 4 égale 5
20 a dividir por 4 são 5
vINte â dividir pour koitrou çÃO cINkou

A

à : à Paris em Paris; **à la gare** na estação; **à 2 km** a 2 Km; **je vais à Paris/ à la gare** vou a Paris/ à estação; **à 3 heures** às 3 horas
abbaye abadia *f*
abeille abelha *f*
abîmé estragado
abord : d'abord primeiro
abordable acessível
abricot alperce *m*
accélérateur acelerador *m*
accent acento *m*; (intonation) sotaque *m*
accepter aceitar 56
accès acesso *m* 139
accident acidente *m* 48
accompagner acompanhar
accord : d'accord está bem; **je suis d'accord** eu concordo 37
accueil recepção *f*
accueillant acolhedor
acheter comprar 107, 110
adaptateur adaptador *m*
addition adição *f*; (note) conta *f* 71
adolescent(e) adolescente *mf*
adorer adorar 37
adresse morada *f*
adresse e-mail endereço *m* electrónico 36, 124, 125
adulte adulto(a) *mf*
aéroport aeroporto *m*
affaires (personnelles) coisas *fpl* 139
affiche cartaz *m*
affreux horroroso
âge idade *f*; **quel âge as-tu ?** que idade tens? 33
agence de voyages agência *f* de viagens
aggraver (s') agravar-se 135
agneau cordeiro *m*
agréable agradável
agresser agredir 139
aide ajuda *f*
aider ajudar 29, 125, 138
ail alho *m*
ailleurs noutro sítio; **d'ailleurs** aliás
aimer (apprécier) gostar de 37, 87; (d'amour) amar; **j'aimerais** gostaria de 25, 37, 58, 87
air ar *m*; **en plein air** ao ar livre 88, 102 ; **avoir l'air** ter um ar, parecer
alcool álcool *m*
alcool à 90° álcool *m* a 90°
algues algas *fpl*
Allemagne Alemanha *f*
Allemand(e) alemão *m*, alemã *f*
aller (n) ida *f*
aller (v) ir 29, 33; **comment allez-vous ?** como está/estão?; **je vais bien** estou bem; **ça va ?** tudo bem?; **ça va** tudo bem; **ça vous va ?** convém-lhe(vos)?; **ça vous va bien** fica-lhe bem 113
aller (s'en) ir-se embora
allergique alérgico 136
aller-retour bilhete *m* de ida e volta
allô está? 129
allumer (feu, cigarette, lumière) acender; (radio) ligar
allumette fósforo *m*
alors então
alphabet alfabeto *m*
amande amêndoa *f*
ambassade embaixada *f*
ambiance ambiente *m* 38
ambulance ambulância *f* 133
amende multa *f*
amener trazer, levar
amer amargo

Américain(e) americano(a) *mf*
ami(e) amigo *m*, amiga *f* 35; **petit ami** namorado *m*; **petite amie** namorada *f*
amour amor
ampoule (électrique) lâmpada *f*; (sur la peau) bolha *f*
amusant divertido
amuser (s') divertir-se 38
an ano *m*; **j'ai 22 ans** tenho 22 anos 33
ananas ananás *m*, abacaxi *m*
ancien antigo
anesthésie anestesia *f*
angine angina(s) *f*
Anglais(e) inglês *m*, inglesa *f*
Angleterre Inglaterra *f*
animal animal *m*
animé (lieu) animado 37
année ano *m*; **bonne année !** feliz ano novo!
anniversaire aniversário *m* ; **bon anniversaire !** parabéns!
anniversaire de mariage aniversário *m* de casamento
annuaire lista *f* telefónica
annuler anular
antibiotique antibiótico *m* 135
antique antigo
Antiquité Antiguidade *f*
août Agosto *m*
apéritif aperitivo *m*; **prendre l'apéritif** tomar um aperitivo
appareil : qui est à l'appareil ? quem está ao telefone? 129
appareil photo máquina *f* fotográfica 117
appartement apartamento *m*
appel (téléphonique) chamada *f*
appeler (faire venir) chamar; (au téléphone) telefonar 130 ; **s'appeler** (se nommer) chamar-se 32; (s'intituler) intitular-se
appendicite apendicite *f*
appétit : bon appétit ! bom apetite!
apporter trazer 66, 68, 89
apprendre (étudier) aprender; (enseigner) ensinar 28
appuyer (sur) carregar (em)
après depois
après-demain depois de amanhã
après-midi tarde *f*
araignée aranha *f*
arbre árvore *f*
argent (métal) prata *f*; (monnaie) dinheiro *m* 107, 108
arnaque roubo *m* 37
arrêt paragem *f* 46; **sans arrêt** sem parar
arrêt de bus paragem *f* de autocarro
arrêter parar; **s'arrêter** parar
arrivée chegada *f*
arriver (quelque part) chegar 34; (se passer) acontecer; **arriver à faire** conseguir fazer
art arte *f*
article (achat) artigo *m*
artisanal artesanal
ascenseur elevador *m*
Asie Ásia *f*
aspirine aspirina *f*
asseoir (s') sentar-se
assez (suffisamment) que chegue 66; (plutôt) bastante; **assez de** farto de 107
assiette prato *m*
assurance seguro *m* 100, 140
assurance tous risques seguro *m* contra todos os riscos 49
asthme asma *f* 135
Atlantique : l'océan Atlantique o oceano *m* Atlântico
attendre esperar 147; **attendre quelqu'un/quelque chose** estar à espera de alguém/alguma coisa

attention : faire attention prestar atenção; **attention !** cuidado!; **à l'attention de …** ao cuidado de...
attrape-touristes chamariz *m* para turistas
auberge de jeunesse pousada *f* de juventude 59
aubergine beringela *f*
aucun(e) nenhum(a); **aucune idée** não faço ideia
aujourd'hui hoje 145
aussi também; **moi aussi** eu também; **aussi bien que** tão bem como
auteur autor(a) *mf*
authentique autêntico
autobus autocarro *m*
automne Outono *m*
autoroute auto-estrada *f*
autre outro(a); **un(e) autre** outro(a) 68; **d'autres** outros(as); **autre chose** outra coisa
avance : à l'avance desde já 87; **en avance** adiantado(a)
avant antes; **avant de** antes de; **roue avant** roda *f* da frente
avant-hier anteontem
avec com
avenue avenida *f*
aveugle cego
avion avião *m*; **par avion** (courrier) por avião
avis : changer d'avis mudar de opinião
avocat (fruit) abacate *m*
avoir ter
avril Abril *m*

B

baby-sitter ama *f*, baby-sitter *f*
bagages bagagem *f* 43
bagages à main bagagem *f* de mão 43
bagarre zaragata *f*
bague anel *m*
baguette baguete *f*, cacete *m*
baigner (se) tomar banho
bain banho *m*; **prendre un bain** tomar um banho
balader (se) dar uma volta
balcon varanda *f*
balle bola *f*
ballon bola *f*
banane banana *f*
bandage ligadura *f*
banlieue subúrbios *mpl*
banque banco *m* 119
bar bar *m*
barbe barba *f*
barbecue barbecue *m*, grelhador *m*
bas (n) parte *f* de baixo; **en bas** em baixo
bas (adj) baixo
basilique basílica *f*
basket (sport) basquete(bol) *m*
baskets (chaussures) sapatilhas *fpl*
bateau barco *m*
bâtiment edifício *m*
bâton de ski bastão *m* de esqui
batterie bateria *f* 48
beau belo, lindo; (homme) bonito; **belle** bonita
beaucoup (de) muito; **beaucoup plus** muito mais
bébé bebé *m*
Belge belga *mf*
Belgique Bélgica *f*
belvédère miradouro *m*
besoin : avoir besoin de precisar de, ter necessidade de 133
bête (idiot) parvo(a) *mf*
beurre manteiga *f*
biberon biberão *m*
bicyclette bicicleta *f*
bien bem; **j'aimerais bien …** gostava muito de…; **bien sûr** sem dúvida

bientôt brevemente; **à bientôt !** até logo!
bienvenu bem-vindo; **bienvenu !** bem vindo!
bière cerveja *f*
bijouterie joalharia *f*
bijoux jóia *f*
billet (de transport) bilhete *m* 41; (de banque) nota *f*
billetterie bilheteira *f*
bio (produits) biológico
biscuit biscoito *m*, bolacha *f*
biscuit salé salgado *m*, aperitivo *m*
bise beijo *m*; **faire la bise à quelqu'un** dar um beijo a alguém
blague piada *f*
blanc branco
blessé ferido
bleu (n) (sur la peau) nódoa *f* negra
bleu (adj) (couleur) azul; (steak) mal passado
blond louro
bloqué bloqueado 125
blouson blusão *m*
bœuf (viande) carne *f* de vaca
boire beber 65, 89
bois (forêt) bosque *m*; (matière) madeira *f*
boisson bebida *f*
boîte (caisse) caixa *f*; **boîte de conserve** lata *f* de conservas
boîte aux lettres (privée) caixa *f* do correio; (publique) marco *m* do correio 122
boîte de nuit discoteca *f* 89
boîte de vitesses caixa *f* de velocidades 49
bol tigela *f*, malga *f*
bon (savoureux) bom; (exact) bem, certo; **bon marché** barato
bonbon rebuçado *m*, bombom *m*
bondé a abarrotar
bonjour (le matin) bom dia; (l'après-midi) boa tarde
bonnet gorro *m*
bonsoir boa noite
bord : au bord de la mer à beira-mar
bottes botas *fpl*
bouche boca *f*
boucherie talho *m*
bouchon (de bouteille) rolha *f*; (embouteillage) engarrafamento *m*
boucles d'oreilles brincos *mpl*
boue lama *f*
bouée bóia *f*
bougie vela *f*
boulangerie padaria *f*
boule : une/deux boule(s) (de glace) uma/duas bola(s)
boules Quiès® tampões *mpl* auriculares
boulot trabalho *m*
bout : un bout de ... um bocado de ...; **au bout de la rue** ao fundo da rua
bouteille garrafa *f*; **bouteille de gaz** botija *f* de gás
boutique loja *f*
bouton (sur la peau) borbulha *f*; (de vêtement, d'un appareil) botão *m*
bracelet pulseira *f*
branché (à la mode) na moda
brancher ligar
bras braço *m*
bravo ! bravo!
briquet isqueiro *m*
brochure brochura *f*
brocoli brócolos *mpl*
bronchite bronquite *f*
bronzé bronzeado
bronzer (brunir) bronzear; (s'exposer) bronzear-se
brosse (à cheveux) escova *f*
brosse à dents escova *f* de dentes
brouillard nevoeiro *m*

bruit barulho *m*; **faire du bruit** fazer barulho
brûler queimar; **se brûler** queimar-se
brûlure queimadura *f*
bruyant barulhento
bureau de poste estação *m* de correios
bureau de tabac tabacaria *f*
bus autocarro *m*

C

ça isto; (plus loin) isso
cabine d'essayage cabine *f* de provas
cabine téléphonique cabine *f* telefónica 128
cacahouètes amendoins *mpl*
Caddie® carrinho *m* (de supermercado)
cadeau prenda *f*, presente *m* 113
cafard barata *f*
café café *m*
café au lait galão *m*
café crème garoto *m*
café Internet ciber-café *m* 124
cahier caderno *m*
caisse caixa *f*
caleçon (sous-vêtement) boxer *m*; (de bain) calções *mpl*
caleçon long calças *fpl* justas
calme calmo
cambriolage assalto *m*
caméra câmara *f*
camion camião *m*
campagne campo *m*
camping (activité) campismo *m* 61; (terrain) parque *m* de campismo; **faire du camping** fazer campismo
camping-car auto-caravana *f*
camping-gaz® camping-gaz *m*
canard pato *m*
car autocarro *m* 46
carafe garrafa *f* 68
caravane caravana *f*
cardiaque cardíaco 135
carie : avoir une carie ter uma cárie
carnet de tickets módulo *m* de bilhetes
carotte cenoura *f*
carte (menu) menu *m*, carta *f*; (géographique) mapa *f*; (à jouer) carta *f*; (document officiel) bilhete *m*, cartão *m*
Carte Bleue® cartão *m* multibanco 71, 109
carte de crédit cartão *m* de crédito 56, 109
carte de téléphone Credifone® *m*, cartão *m* telefónico 128
carte de visite cartão *m* de visita
carte d'identité bilhete *m* de identidade
carte postale postal *m*
cas : au cas où no caso de; **en cas de …** em caso de… 136
casque capacete *m*
casquette boné *m*
cassé partido
casse-croûte bucha *f*
casser partir 60, 134; (couple) separar; **se casser la jambe** partir uma perna
casserole tacho *m*
cassette cassete *f*
cassette vidéo cassete *f* de vídeo
cathédrale catedral *f*, sé *f*
catholique católico
cause : à cause de por causa de
caution caução *m*
CD CD *m*
ce este, esse, esta
ceinture cintura *f*; (accessoire) cinto *m*
ceinture de sécurité cinto *m* de segurança
cela isso
célèbre célebre
célibataire solteiro

celle-ci este, esta
celle-là esse, essa, aquele, aquela
celui-ci este, esta
celui-là esse, essa, aquele, aquela
cendrier cinzeiro *m*
centimètre centímetro *m*
centre centro *m* 60
centre commercial centro *m* comercial
centre-ville centro *m* da cidade
céréales flocos *mpl* (de cereais)
cerise cereja *f*
certain certo
ces estes(as), esses(as)
c'est é
cette este, esse, esta
ceux-ci estes
ceux-là esses, aqueles
chacun cada um
chaîne (de télévision) canal *m*; (hi-fi) aparelhagem *f*; (de vélo) corrente *f*
chaise cadeira *f*
chaleur calor *m*
chambre quarto *m* 56, 57
chambre à air câmara *f* de ar
chambre d'hôtes quarto *m* das visitas
champagne champanhe *m*
champignons cogumelos *mpl*
chance hipótese *f*, oportunidade *f*; **bonne chance !** boa sorte!
changement mudança *f* 46
changer mudar; **se changer** mudar de roupa
chapeau chapéu *m*; **chapeau de soleil** chapéu *m* de sol
chapelle capela *f*
chaque cada; **chaque fois** cada vez; **chaque jour** todos os dias
charcuterie charcutaria *f*
chasse d'eau autoclismo *m*
chat gato *m*
château castelo *m*, palácio *m*
chaud quente; **il fait chaud** está calor; **boissons chaudes** bebidas *fpl* quentes
chauffage aquecimento *m*
chauffe-eau esquentador *m*
chauffeur de taxi motorista *m* de táxi
chaussettes meias *fpl*
chaussures sapatos *mpl*
chaussures de marche botas *fpl* (de montanha)
chaussures de ski botas *fpl* de esqui
chef chefe *m*
chemin caminho *m* 100
cheminée (feu) lareira *f*; (conduit) chaminé *f*
chemise (vêtement) camisa *f*
chemise de nuit camisa *f* de dormir
chèque cheque *m*
chèque de voyage cheque *m* de viagem
cher caro
chercher procurar 107; **aller chercher quelqu'un/quelque chose** ir buscar alguém/alguma coisa
cheval cavalo *m*
cheveux cabelos *mpl*
cheville tornozelo *m*
chèvre cabra *f*
chewing-gum pastilha *f* elástica
chez em casa de 90, 129; **chez soi** em nossa casa; **chez moi** em minha casa
chien cão *m*
chinois chinês
chips batatas *fpl* fritas
choc choque *m*
chocolat chocolate *m*
chocolat au lait chocolate *m* com leite
chocolat chaud chocolate *m* quente
chocolat noir chocolate *m* preto
choisir escolher 67, 69
choix escolha *f*
cholestérol colesterol *m*

chose coisa *f* 70
chou couve *f*
chou-fleur couve-flor *f*
cidre sidra *f*
ciel céu *m*
cigare charuto *m*
cigarette cigarro *m*
cimetière cemitério *m*
cinéma cinema *m*
cintre cabide *m*
circulation (de voiture) circulação *m*
cirque circo *m*
ciseaux tesoura *f*
citron limão *m*
citron vert lima *f*
clair claro; **bleu clair** azul claro
classe : première/deuxième classe primeira/segunda classe *f*
classe affaires classe *f* executiva
classe économique classe *f* turística
classique clássico
clé chave *f* 48, 57, 60
clémentine clementina *f*
clignotant pisca-pisca *m*
climat clima *m*
climatisation climatização *f* 58
club clube *m*
Coca® Coca-Cola® *f* 69
cochon porco *m*
code confidentiel código *m* pessoal 120
code d'entrée código *m* de acesso
code postal código *m* postal
cœur coração *m*
coffre (de voiture) porta-bagagens *m*
cognac conhaque *m*
coiffeur cabeleireiro *m*
coin (saillant) esquina *f*; (rentrant) canto *m* ; **dans le coin** (endroit) por aqui 55, 100, 110
coincé entalado
colis encomenda *f* 123
collants collants *mpl*
colle cola *f*
collier colar *m*
colline colina *f*
colonie de vacances colónia *f* de férias
combien quanto/a/os/as; **combien ça coûte ?** quanto é que custa?; **combien de temps … ?** quanto tempo…?; **depuis combien de temps … ?** há quanto tempo…?; **on est le combien ?** quantos são hoje?
combinaison de plongée fato *m* de mergulho
commander encomendar 68, 107
comme como; **comme ça** assim
commencer começar 135
comment como 25
commerce comércio *m*
commissariat esquadra *f* 139
commission (de change) comissão *m*
compagnie aérienne companhia *f* de aviação
compartiment compartimento *m*
complet (plein) completo, cheio 42, 58, 67, 88
complètement completamente
comprendre compreender 27, 38
comprimé comprimido *m*
compris (service, assurance) incluído 71; **tout compris** ao todo
comptant : payer comptant pagar a pronto
compte bancaire conta *f* bancária
compter contar; **compter sur** contar com
compteur électrique contador *m* da luz
concert concerto *m* 88
concombre pepino *m*
conduire conduzir; (quelqu'un) acompanhar 31
conférence conferência *f*

confiance confiança *f*; **avoir confiance (en)** ter confiança (em)
confirmer (vol) confirmar 43
confiture doce *m*
confortable confortável
congélateur congelador *m*
connaissance (personne) conhecido(a) *mf*; **connaissances** (savoir) conhecimentos *mpl*
connaître conhecer 29
connu conhecido
conseil conselho *m*; **demander conseil (à)** pedir conselho (a)
conseiller aconselhar 35, 88, 100
consigne (pour bagages) depósito *m* de bagagem
consommer consumir
consommation (boisson) consumo *m*
constipé com prisão de ventre
construire : construit en ... construído em...
consulat consulado *m* 139
contact contacto *m*; **rester en contact** manter em contacto 36
contacter contactar 139
contagieux contagioso
contemporain contemporâneo
content contente
continuer à continuar a
continuation : bonne continuation ! boa continuação!
contraceptif contraceptivo *m*
contraire contrário *m*; **au contraire** pelo contrário
contrat contrato *m*
contre contra
coordonnées morada *f* e número *m* de telefone 36
copain amigo *m*; **petit copain** namorado *m*
copine amiga *f*; **petite copine** namorada *f*
coquillage concha *f*
coquille Saint-Jacques vieira *f*
corps corpo *m*
correct correcto
correspondance (changement) correspondência *f* 43
côte (maritime) costa *f*; (du corps) costela *f*; **côte d'agneau** costeleta *f* de borrego
côté lado *m*; **à côté de** ao lado de
côtelette costeleta *f*
coton algodão *m*
coton-tige® cotonete *m*
cou pescoço *m*
couche (de bébé) fralda *f*
coucher : se coucher deitar-se 147; **coucher avec** dormir com
couchette cama *f*, couchette *f*
couleur cor *f*
coup : ça vaut le coup vale a pena; **aller boire un coup** ir beber um copo
coup de soleil : prendre un coup de soleil apanhar uma queimadura (solar)
coupe-ongles corta-unhas *fpl*
couper cortar; **se couper** cortar-se; **coupé en tranches** cortado às fatias
courage coragem *f*; **bon courage !** coragem!
courant : être au courant (de) estar ao corrente (de)
courgette courgete *f*
courrier correio *m* 123
cours (leçon) aula *f* 99, 102
courses compras *fpl*; **faire des/les courses** fazer compras/as compras 55
court curto
couteau faca *f*
coûter custar; **combien ça coûte ?** quanto (é que) custa?
couvert (de table) talher *m*

couverture (de lit) cobertor *m*
crabe caranguejo *m*
cravate gravata *f*
crayon lápis *m*
crème creme *m*
crème à raser creme *m* de barbear
crème fraîche natas *fpl*
crème hydratante creme *m* hidratante
crème solaire creme *m* solar
crevé (pneu) furado; (fatigué) arrasado
crever furar 48
crevette camarão *m*
crise crise *f*
crise cardiaque ataque *m* cardíaco
crise d'appendicite crise *f* de apendicite
croire acreditar; **je crois que …** creio que…
croisière cruzeiro *m*
croix cruz *f*
crotte excremento *m*
cru (adj) cru
crustacés crustáceos *mpl*
cuillère colher *f*; **cuillère à café/à soupe** colher *f* de café/de sopa
cuir couro *m*
cuire cozer
cuisine cozinha *f*; **faire la cuisine** cozinhar
cuisse coxa *f*
cuit cozido; **bien cuit** bem passado; **trop cuit** demasiado passado
cuivre cobre *m*
culotte cuecas *fpl* (de senhora)
curé padre *m*
cybercafé ciber-café *m*

D

dangereux perigoso
dans em; **dans une heure** dentro de uma hora : **dans la soirée** durante a noite
date data *f*
date d'expiration data *f* de expiração
date de naissance data *f* de nascimento
date limite data *f* limite
dater (de) datar (de)
de de; **le vélo de David** a bicicleta do David; **de … à …** de…a…; **du pain** pão; **des œufs** ovos
débrouiller (se) desenrascar-se
début início *m*; **au début** no início; **en début de** no início de
débutant principiante *mf*
déca descafeinado *m*
décalage horaire diferença *f* horária
décapsuleur saca-rolhas *m*
décembre Dezembro *m*
décevant decepcionante
décider decidir
déclaration (de perte, vol) participação *f* 43, 140
déclarer (à la douane) declarar
décoller (avion) descolar
découvrir descobrir
déçu desiludido
dedans dentro
défaut defeito *m*
dégonflé vazio
degré (de température) grau *m*
dehors fora
déjà já 144
déjeuner (n) almoço *m*
déjeuner (v) almoçar
délicieux delicioso
demain amanhã *m*; **à demain !** até amanhã!; **demain matin/soir** amanhã de manhã/à noite
demander pedir, perguntar
démanger fazer comichão 135
demi (adj) meio 68; **un demi-litre/-kilo** meio litro/quilo; **demi-heure** meia hora; **une heure et demie** uma hora e meia

demi (n) (bière) imperial *f*
demi-pension meia-pensão *f*
demi-tour meia volta
dent dente *m*
dentifrice pasta *f* de dentes
dentiste dentista *mf*
déodorant desodorizante *m*
dépannage : (service de) dépannage (serviço *m* de) reboque *m*
départ partida *f*
dépêcher (se) despachar-se
dépendre : ça dépend (de) isso depende (de)
dépenser gastar
dépliant (prospectus) desdobrável *m*, folheto *m* 41
déposer (quelqu'un) deixar 49
depuis desde (então); **depuis que** desde que; **depuis quand ?** desde quando?
déranger incomodar
dernier último; **au dernier moment** à última da hora; **l'année dernière** no ano passado 144
derrière atrás
des voir **de**
dès desde; **dès que** assim que
désagréable desagradável
descendre (transports) descer 46
désinfecter desinfectar
désolé : je suis désolé lamento
dessert sobremesa *f* 68
dessin desenho *m*
dessous parte *f* de baixo; **en dessous (de)** abaixo (de)
dessus parte *f* de cima; **au-dessus (de)** acima (de)
destinataire destinatário(a) *mf*
détendre (se) descontrair-se
détester detestar
devant diante, à frente
développer : faire développer (pellicule) revelar 117, 118
devenir tornar-se
devise divisa *f*
devoir dever 71, 108, 136; **vous devriez …** deveria...; **devoir faire quelque chose** ter de fazer qualquer coisa
diabète diabetes *f*
diapositive diapositivo *m*, slide *m*
diarrhée : avoir la diarrhée ter diarreia
dictionnaire dicionário *m*
diesel gasóleo *m*
différent (de) diferente (de)
difficile difícil
dimanche domingo *m*
diminuer diminuir
dinde perua *f*
dîner (n) jantar *m*
dîner (v) jantar
dire dizer; **comment dit-on … ?** como é que se diz...?; **ça te dit ?** apetece-te?
direct directo
directement directamente
direction direcção *f*; **en direction de** na direcção de
direction assistée direcção *f* assistida
disparaître desaparecer 139
disputer (se) discutir
disquaire loja *f* de discos
disque disco *m*
disque dur disco *m* duro
disquette disquete *f*
distributeur (automatique de billets) caixa *f* automática (multibanco) 119
divorcé divorciado
docteur doutor *m* 133
document documento *m*
doigt dedo *m*
dommage : c'est dommage é pena
donc por isso, pois
donner dar

dont : le livre dont je parle o livro de que falo
dormir dormir; **dormir à la belle étoile** dormir ao relento
dos costas *fpl*
douane alfândega *f*
doublé (film) dobrado
doucement (délicatement) docemente; (bas) baixinho; (lentement) devagar
douche duche *m*; **prendre une douche** tomar um duche
drap lençol *m*
drapeau bandeira *f*
drogue droga *f*
droit (n) direito *m*; **avoir le droit de …** ter o direito de…
droit (adj) direito
droit : (adv) **tout droit** sempre em frente
droite recta *f*; **à droite (de)** à direita (de)
drôle (amusant) engraçado; (étrange) esquisito
du voir **de**
dur (solide) duro; (difficile) difícil
durée duração *f*
durer durar 93

E

eau água *f*
échanger trocar
écharpe écharpe *f*
échecs xadrez *m*
école escola *f*
écouter ouvir
écrire escrever 108
effort esforço *m*; **faire un effort** fazer um esforço
égal : ça m'est égal tanto me faz
église igreja *f*
électrique eléctrico
elle ela
elles elas
e-mail e-mail *m*
embarquement embarque *m* 44
embarquer embarcar 43
embêtant aborrecido
embouteillage engarrafamento *m* 48
embrasser beijar
embrayage embraiagem *f*
émission (de radio, télévision) programa *m*
emmener (en voiture) levar
emplacement (de camping) lugar *m* 61
emporter levar; **à emporter** para levar
emprunter pedir emprestado(a)
en em; **en France/1995/portugais** em França/1995/português; **je vais en France** vou a França; **en voiture** de carro
enceinte grávida 135
enchanté ! muito prazer!
encore ainda 68; **pas encore** ainda não; **encore plus** ainda mais
endormir (s') adormecer
énervant enervante
énerver enervar
enfant criança *f*
enfin enfim
enflé inchado
enlever tirar
ennuyer (s') aborrecer(-se) 38
enregistrement (des bagages) check-in *m* 43
enregistrer (bagages) fazer o check-in de
enrhumé constipado
ensemble juntos
ensuite em seguida, depois
entendre ouvir; **bien/mal s'entendre (avec quelqu'un)** entender-se bem/mal (com alguém)
entier inteiro; (lait) gordo; **en entier** por inteiro
entracte intervalo *m*

entre : entre midi et 2 entre o meio dia e as duas : **entre 3 et 5 jours** de três a cinco dias
entrée (lieu, de repas) entrada *f*; (prix) sinal *m*
entrer entrar
enveloppe envelope *m*
envie : avoir envie de ter vontade de
environ cerca de; **dans les environs** nos arredores 100
envoi envio *m*
envoyer enviar, mandar 123
épaule ombro *m*
épeler soletrar
épice especiaria *f*
épicé condimentado
épicerie mercearia *f*
épileptique epiléptico
épiler depilar
épinards espinafres *mpl*
éponge esponja *f*
épouse esposa *f*
épuisé esgotado
équipe equipa *f*
erreur erro *m*
escalade escalada *f*
escalier escada *f*
Espagne Espanha *f*
Espagnol(e) espanhol(a) *mf*
espérer esperar; **j'espère que ...** espero que...
essayer tentar; (vêtement) experimentar 111; **essayer de faire quelque chose** tentar fazer algo
essence gasolina *f*
est : à l'est (de) a leste (de)
estomac estômago *m*
et e
étage andar *m*
état estado *m*; **l'État** o Estado
États-Unis Estados *mpl* Unidos
été Verão *m*
éteindre (cigarette) apagar; (appareil) desligar
étonner admirar
étranger (n) estrangeiro(a) *mf*; **à l'étranger** no estrangeiro
étranger (adj) estrangeiro
être ser, estar; **je suis portugais** sou português; **je suis au Portugal** estou em Portugal; **je suis né à Paris** nasci em Paris
études estudos *mpl*; **faire des études de** tirar um curso de 33
étudiant estudante *mf* 33, 41
euro euro *m*
eurochèque Eurocheque *m*
Europe Europa *f*
européen europeu
eux eles
évanouir (s') desmaiar
évident evidente
excédent (de bagages) excesso *m* 44
excellent excelente
exceptionnel excepcional; **rien d'exceptionnel** nada de especial
excursion excursão *f*
excuse desculpa *f*
excuser (s') desculpar-se; **excusez-moi** desculpe
exemple exemplo *m*; **par exemple** por exemplo
expéditeur remetente *mf*
expliquer explicar
exposition exposição *f*
exprès urgente
express bica *f*
expression expressão *f*
expresso bica *f*
exprimer : s'exprimer exprimir-se
extraordinaire extraordinário

F

face rosto *m*; **en face (de)** face (a)
fâché zangado

facile (à) fácil (de)
façon modo *m*; **de toute façon** de qualquer modo
facteur carteiro *m*
facture factura *f*
faible fraco 134
faim : avoir faim ter fome 65
faire fazer; **ça fait 2 ans que ...** há dois anos que...; **ça ne fait rien** não faz mal
fait (n) facto *m*; **en fait** de facto; **au fait, ...** a propósito, ...
fait : (adj) **fait main** feito à mão
falaise falésia *f*
falloir ser preciso, ter de; **il faut que ...** é preciso...
famille família *f* 34
farine farinha *f*
fatigant cansativo
fatigué cansado
faute falta *f*; (responsabilité) culpa *f*
fauteuil roulant cadeira *f* de rodas
faux falso
fax fax *m*
félicitations ! parabéns!
femme mulher *f*
fenêtre janela *f*
fer à repasser ferro *m* de engomar
férié feriado; **jour férié** feriado *m*
ferme (n) quinta *f*
fermé fechado
fermer fechar 71
fermeture encerramento *m*
fermeture éclair® fecho *m* (éclair)
ferry ferry *m*
fesses nádegas *fpl*
festival festival *m*
fête festa *f*; **faire la fête** festejar
fête foraine feira *f* popular
fête nationale feriado *m* nacional
feu fogo *m*; **tu as du feu ?** tens lume?; **feu rouge** semáforo *m*
feuille folha *f*
feux d'artifice fogo *m* de artifício
février Fevereiro *m*
fiancé(e) (n) noivo(a) *mf*
fiancé : (adj) **être fiancé** estar noivo
fier (de) orgulhoso (de)
fièvre febre *f*; **avoir de la fièvre** ter febre 135
fille (enfant) rapariga *f*; (jeune femme) menina *f*; (de parents) filha *f*
film filme *m*
fils filho *m*
fin (n) fim *m*; **en fin de** no fim de; **à la fin de** no fim de
finalement finalmente
finir acabar
flash flash *m*
flèche seta *f*
fleur flor *f*
fleuve rio *m*
flou (photo) desfocado
foie fígado *m*
foire feira *f*
fois vez *f*
folklorique folclórico
foncé escuro
fond fundo *m*; **au fond de** no fundo de
football futebol *m*
forêt floresta *f*
forfait (pour transports, ski) taxa *f* fixa 101
formidable formidável
formulaire formulário *m* 140
fort (personne) forte, bom; (son, goût) forte
foulard lenço *m* (de cabeça)
fouler : se fouler la cheville torcer o pé
four forno *m*
fourchette garfo *m*
fourmi formiga *f*
fourrière parque *m* de viaturas rebocadas 139
fracture fractura *f*

fragile frágil
frais fresco
fraise morango *m*
framboise framboesa *f*
franc (n) franco *m*
Français(e) francês *m*, francesa *f*
France França *f*
frein travão *m*
frein à main travão *m* de mão
freiner travar
frère irmão *m*
frigidaire® frigorífico *m*
frit frito
frites batatas *fpl* fritas
froid frio; **il fait froid** está frio; **avoir froid** ter frio; **prendre froid** apanhar frio
fromage queijo *m*
front testa *f*
frontière fronteira *f*
fruit fruto *m*
fruits de mer marisco *m*
fuite fuga *f*
fumer fumar 89
fumeur fumador *m*; **non-fumeurs** não fumadores; **fumeurs** (salle, compartiment) fumadores 67, 70
fusible fusível *m*

G

gâcher estragar
gagner ganhar
galerie galeria *f*
gant luva *f*
gant de toilette luva *f* de banho
garage (pour garer) garagem *f*; (pour réparer) oficina *f* 48
garantie garantia *f*
garçon (enfant) rapaz *m*; (jeune homme) menino *m*; (serveur) empregado *m*
garder guardar
gardien guarda *f*
gare estação *f*
gare routière estação *f* rodoviária
garer (se) estacionar
gâteau bolo *m*; **petit gâteau** pastel *m*
gâteau sec bolacha *f*
gauche esquerda *f*; **à gauche (de)** à esquerda (de)
gaz gás *m*
gaze (bandage) gaze *f*
gazeux (boisson) com gás, gaseificado
gel (eau gelée) geada *f*; (pour les cheveux) gel *m*; **gel douche** gel *m* de banho
gêner incomodar
généraliste (médecin) médico(a) *mf* de clínica geral
génial genial
genou joelho *m*
genre : quel genre de … ? que género de…?
gens pessoas *fpl*; **les gens** as pessoas
gentil gentil
glace (eau gelée) gelo *m*; (à manger) gelado *m*; (miroir) espelho *m*
glaçon cubo *m* de gelo
golf golfe *m*
gorge garganta *f*
gourde cantil *m*
goût gosto *m*
goûter (n) lanche *m*
goûter (v) provar
gouttes (pour les oreilles, les yeux) gotas *fpl*
grâce à graças a
grammaire gramática *f*
grammes gramas *mpl*
grand grande; (haut) alto
grand magasin grande loja *f*, armazém *m*
Grande-Bretagne Grã-Bretanha *f*

grandir crescer; **j'ai grandi** en **France** cresci em França
gras (adj) gorduroso
gratuit gratuito 92
grave grave; **ce n'est pas grave** não tem importância
Grec, Grèque grego(a) *mf*
Grèce Grécia *f*
grillé grelhado
grippe gripe *f*
grippe intestinale febre *f* intestinal
gris cinzento
gros gordo
gros mot palavrão *m*
groupe grupo *m*; (de musique) conjunto *m*
guêpe vespa *f*
guérir curar
guerre guerra *f*
gueule de bois ressaca *f*
guide (personne) guia *mf*; (livre) guia *m*
guide des spectacles agenda *f* cultural
guitare guitarra *f*
gynécologue ginecologista *mf*

H

habiller (s') vestir-se
habiter habitar
habitude hábito *m*; **d'habitude** habitualmente; **avoir l'habitude (de)** ter o hábito (de)
hamburger hambúrger *m*
hanche anca *f*
handball andebol *m*
handicapé (adj) deficiente 139
haricots feijões *mpl*
haricots verts feijão-verde *m*
hasard : par hasard por acaso; **au hasard** ao acaso
haschich haxixe *m*
haut (n) parte *f* de cima; **en haut** em cima
haut (adj) alto
héberger alojar
hémorroïdes hemorróidas *fpl*
herbe erva *f*
hésiter hesitar
heure hora *f* 147; **à quelle heure ?** a que horas?; **à 5 heures** às cinco horas; **à l'heure** a horas; **à tout à l'heure** até logo
heure locale hora *f* local
heureusement felizmente
heureux feliz
hier ontem; **hier soir** ontem à noite
histoire história *f*
hiver Inverno *m*
Hollandais(e) holandês *m*, holandesa *f*
Hollande Holanda *f*
homard lavagante *m*
homéopathie homeopatia *f*
homme homem *m*
homosexuel homossexual
honnête honesto
hôpital hospital *m*
horaires horários *mpl*
horrible horrível
hors service fora de serviço
hôtel hotel *m*
hôtel de ville Paços *mpl* do Concelho
huile óleo *m*
huître ostra *f*
humide húmido
hypertension hipertensão *f*
hypotension tensão *f* baixa

I

ici aqui; **d'ici** (lieu) daqui 32; **d'ici un quart d'heure** daqui a um quarto de hora
idée ideia *f*
idiot idiota *mf*
il ele; **il y a** há; **il y a 2 ans** há dois anos 34, 144
île ilha *f*
ils eles
immeuble imóvel *m*, prédio *m*
imperméable impermeável *m*
important importante
importer : n'importe quoi pouco importa o quê
impossible impossível
impression : avoir l'impression de ter a impressão de
impressionnant impressionante
imprimer imprimir
incendie incêndio *m*
indépendant independente
indicatif (téléphonique) indicativo *m* 131
infection infecção *f*
infirmière enfermeira *f*
informations (renseignements) informações *fpl* 92; (nouvelles) notícias *fpl*
initiales iniciais *fpl*
inquiéter (s') preocupar(-se)
inscrire (s') inscrever(-se)
insecte insecto *m*
insecticide insecticida *m*
insolation insolação *f*
insomnie insónia *f*
instant : un instant, s'il vous plaît um instante, se faz favor
instrument instrumento *m*
insulte insulto *m*
intelligent inteligente
intention : avoir l'intention de ter a intenção de 35
interdit proibido
intéressant interessante
intérieur : à l'intérieur no interior 89
international internacional
Internet Internet *f* 124
intoxication alimentaire intoxicação *f* alimentar
invité(e) convidado(a) *mf*
inviter convidar
Italie Itália *f*
Italien(enne) italiano(a) *mf*

J

jamais nunca 99
jambe perna *f*
jambon fiambre *m*; (cru) presunto *m*
janvier Janeiro *m*
Japon Japão *m*
Japonais(e) japonês *m*, japonesa *f*
jardin jardim *m*
jaune amarelo *m*
je eu
jean calças *fpl* de ganga
jetable descartável
jeter atirar; (à la poubelle) deitar fora
jeu jogo *m*
jeu vidéo jogo *m* de vídeo
jeudi quinta-feira *f*
jeune (n) jovem *mf* 93
jeune (adj) jovem
jogging (sport) jogging *m*; (tenue) fato *m* de treino
joli bonito
jouer (à un jeu) jogar 99, 103; (d'un instrument) tocar; **ça se joue à ...** joga-se a...
jouet brinquedo *m*
jour dia *m*; **de nos jours** hoje em dia
journal jornal *m*

journée dia *m*
juillet Julho *m*
juin Junho *m*
jumeaux(elles) gémeos *mpl*, gémeas *fpl*
jumelles (pour voir) binóculos *mpl*
jupe saia *f*
jus sumo *m*
jusqu'à até
juste (équitable) justo; **tout juste** mesmo à justa; **juste avant** mesmo antes; **juste un peu** só um pouco

K

kayak kayak *m*
kilomètre quilómetro *m*
kiosque à journaux quiosque *m* de jornais
kleenex® lenço *m* de papel
K-way® kispo® *m*

L

la o, a (voir grammaire)
là ali
là-bas ali
lac lago *m*
lacets atacadores *mpl*
là-haut lá em cima
laine lã *f*
laisser deixar 59, 60, 89; **laisser tranquille** deixar em paz; **laisser tomber** abandonar
lait leite *m*
lait après-soleil after-sun *m*
lait demi-écrémé leite *m* meio-gordo
lait écrémé leite *m* magro
lait entier leite *m* gordo
lait hydratant leite *m* hidratante
laitue alface *f*
lame de rasoir lâmina *f* de barbear
lampe candeeiro *m*
lampe de poche lanterna *f* (de bolso)
langouste lagosta *f*
langue língua *f*
lapin coelho *m*
large largo
lavabo lavatório *m*
lave-vaisselle máquina *f* de lavar louça
laver lavar; **se laver** lavar-se; **se laver les dents** lavar os dentes; **se laver les cheveux** lavar a cabeça
laverie lavandaria *f*
le o, a (voir grammaire)
léger (pas lourd) leve; (vêtement) fresco
légume legume *m*
lentement lentamente
lentilles (légume) lentilhas *fpl*; (de contact) lentes *fpl*
les os (voir grammaire)
lessive detergente *m* para a roupa; **faire la lessive** lavar a roupa
lettre (de l'alphabet) letra *f*; (courrier) carta *f*
leur deles(as); **le/la leur** o/a deles(as)
lever (se) levantar-se
levée (poste) recolha *f* 123
lèvre lábio *m*
librairie livraria *f*
libre livre 66
lieu lugar *m*; **au lieu de** em vez de
ligne de bus linha *f* de autocarro
ligne de métro linha *f* de metro
limonade gasosa *f*
linge sale roupa *f* suja
liqueur licor *m*
liquide : payer en liquide pagar em dinheiro
liquide vaisselle líquido *m* para a louça
lire ler
lit cama *f*
litre litro *m*
livre livro *m*
location (de maison) arrendamento *m*; (de voiture) aluguer *m*

logement alojamento *m*
loin (de) longe (de)
longtemps muito tempo 143
lorsque quando
louer (maison) arrendar; (voiture) alugar 49, 99, 101
lourd pesado; (temps) abafado
loyer renda *f*
lui ele (voir grammaire)
lumière luz *f*
lundi segunda-feira *f*
lune lua *f*
lune de miel lua *f* de mel
lunettes óculos *mpl*
lunettes de soleil óculos *mpl* de sol
Luxembourg Luxemburgo *m*
Luxembourgeois(e) luxemburguês *m*, luxemburguesa *f*
lycée escola *f* secundária

M

ma meu, minha
machine à laver máquina *f* de lavar roupa
Madame Senhora
Mademoiselle Senhora, menina
magasin loja *f*
magazine revista *f*
magnifique magnífico
mai maio *m*
maigre magro
maillot de bain fato *m* de banho
main mão *f*
maintenant agora
mairie câmara *f* municipal
mais mas
maïs milho *m*
maison casa *f*; **à la maison** em casa
maître nageur nadador *m* salvador
mal mal; **avoir mal** doer 134; **avoir mal au cœur** estar enjoado; **j'ai mal à la tête/à la gorge/au ventre** dói-me a cabeça/a garganta/a barriga; **avoir le mal de mer** enjoar; **pas mal** nada mal
malade doente *mf*
maladie doença *f*
malentendu mal-entendido *m*
malheureusement infelizmente
malpoli mal-criado
manche manga *f*
mandat international vale *m* postal
manger comer 65
manière maneira *f*; **de toute manière** de qualquer maneira
manquer faltar; **il (me) manque 2 …** faltam(-me) dois… 43
manteau casaco *m* (comprido)
marchand vendedor *m*; **marchand de journaux** vendedor *m* de jornais
marchandise mercadoria *f*
marche (d'escalier) degrau *m*; (à pied) caminhada *f* 100; **faire de la marche** praticar marcha; **marche avant/arrière** marcha *f* à frente/atrás
marché mercado *m* 110
marcher (à pied) caminhar; (fonctionner) funcionar 55, 58, 118, 125
mardi terça-feira *f*
marée basse maré *f* baixa
marée haute maré *f* alta
mari marido *m*
mariage casamento *m*
marié casado
marre : en avoir marre (de) estar farto(a) (de)
marron (n) (fruit) castanha *f*
marron (adj) (couleur) castanho
mars março *m*
match jogo *m*
matelas colchão *m*
matelas pneumatique colchão *m* de ar
matériel material *m*

matin manhã *f*
mauvais mau; **il fait mauvais** está mau tempo
maximum máximo *m*
mayonnaise maionese *f*
me me
mec gajo *m*
méchant mau
médecin médico(a) *mf* 133
médicament medicamento *m*
meilleur melhor; **le meilleur** o melhor; **meilleur que ...** melhor que...
mélanger misturar
melon meloa *f*; (d'Espagne) melão *m*
membre (d'un club) membro *m*
même mesmo 70; **même eux** mesmo eles; **même si** mesmo se; **moi-/lui-même** eu/ele próprio
ménage : faire le ménage fazer a limpeza
mentir mentir
menton queixo *m*
menu menu *m*, ementa *f*
mer mar *m*; **la mer méditerranée** o mar mediterrâneo
merci obrigado(a); **merci beaucoup** muito obrigado(a); **non merci** não, obrigado(a)
mercredi quarta-feira *f*
mère mãe *f*
merveilleux maravilhoso
mes meus, minhas
message mensagem *f* 129
messe missa *f*
métier profissão *f*
mètre metro *m*
métro metro *m*
mettre pôr; (vêtement) vestir; (temps) levar 123
micro-ondes micro-ondas *m*
midi meio-dia *m*
miel mel *m*
mien : le mien/la mienne o meu/a minha
mieux melhor 135; **mieux que ...** melhor que...
milieu meio *m*; **au milieu (de)** no meio (de); **en milieu de** a meio de
minérale mineral
minimum mínimo *m*
minuit meia-noite *f*
minute minuto *m* 147
mobylette® motocicleta *f*
moche feio
mode moda *f*; **à la mode** na moda
moderne moderno
moi eu; (objet direct, indirect) me; (après préposition) mim
moins menos; **au moins** pelo menos; **moins que** menos do que; **moins le quart** menos um quarto
mois mês *m* 135, 144
moitié metade *f*
moment momento *m*; **un moment** um momento; **en ce moment** neste momento; **pour le moment** de momento; **à ce moment-là** nesse momento
mon meu, minha
monastère mosteiro *m*
monde mundo *m*; **tout le monde** toda a gente; **du monde** muita gente 37, 95
monnaie dinheiro *m*; **faire de la monnaie** trocar dinheiro 109, 128; **rendre la monnaie** dar o troco 108
monoski monoesqui *m*
Monsieur Senhor
montagne montanha *f*
montre relógio *m* de pulso
montrer mostrar
monument monumento *m*
morceau : un morceau de um pedaço de

mort (adj & n) morto
mosquée mesquita *f*
mot palavra *f*; (note écrite) recado *m*
moteur motor *m*
moto mota *f*
mouche mosca *f*
mouchoir lenço *m* (de mão)
mouette gaivota *f*
mouillé molhado *m*
moules mexilhões *mpl*
mourir morrer
mousse à raser espuma *f* de barbear
moustache bigode *m*
moustique melga *f*
moutarde mostarda *f*
mouton carneiro *m*
moyen (n) meio *m*
moyen (adj) médio; **durée moyenne** duração média
muet mudo
mur muro *m*
mûr maduro
muscle músculo *m*
musée museu *m* 93
musique música *f*

N

nager nadar
naître nascer; **je suis né le/en...** nasci a/em...
natation natação *f*
nationalité nacionalidade *f*
nature natureza *f*
nausée : avoir la nausée estar agoniado(a)
navette vaivém *m*
nécessaire necessário
négatif (n) negativo *m*
neige neve *f*
neiger nevar
nerveux nervoso
nettoyer limpar
neuf novo
nez nariz *m*
ni ... ni ... nem...nem...
nocturne (n) (d'**un magasin**) abertura *f* nocturna
Noël Natal *m*; **joyeux Noël !** feliz Natal!
noir preto, negro; **noir et blanc** preto e branco
noisette (fruit) avelã *f*; (café) café *m* pingado
noix noz *f*
nom nome *m*; **nom de famille** apelido *m*; **nom de jeune fille** nome *m* de solteira
nombre número *m*
non não; **moi non plus** eu também não
nord : au nord (de) no Norte (de)
normal normal
nos nossos(as)
note (facture) conta *f*
noter (écrire) anotar
notre nosso(a)
nôtre nosso(a); **le/la nôtre** o/a nosso(a)
nourriture comida *f*
nous nós
nouveau novo; **à nouveau** de novo; **Nouvel An** Ano Novo
nouvelle : bonne/mauvaise nouvelle boa/má notícia *f*; **les nouvelles** as notícias
novembre Novembro *m*
noyer (se) afogar(-se) 140
nu nu
nuage nuvem *f*
nuit noite *f*; **bonne nuit** boa noite
nul nulo; **nulle part** em lado nenhum
numéro número *m*
numéro de téléphone número *m* de telefone
numéro d'immatriculation número *m* de matrícula

O

objectif (photographique) objectiva *f*
occasion ocasião *f*; **d'occasion** usado
occupé ocupado 131
occuper ocupar; **s'occuper de** ocupar-se de
océan oceano *m*
octobre Outubro *m*
odeur cheiro *m*
œil olho *m*
œuf ovo *m*
œuf à la coque ovo *m* quente
œuf dur ovo *m* cozido
œufs brouillés ovos *mpl* mexidos
œuf sur le plat ovo *m* estrelado
office de tourisme posto *m* de turismo
offrir oferecer 69, 113
oignon cebola *f*
oiseau pássaro *m*
ok ok
olives azeitonas *fpl*
ombre sombra *f*; **à l'ombre** à sombra
omelette omelete *f*
on : on va au cinéma vamos ao cinema
ongle unha *f*
opéra ópera *f*
opérer : se faire opérer ser operado(a)
opticien oculista *m*
or ouro *m*; **en or** de/em ouro
orage trovoada *f*
orange (n) (fruit) laranja *f*
orange (adj) (couleur) cor-de-laranja
orchestre orquestra *f*
ordinateur computador *m*
ordinateur portable computador *m* portátil
ordures lixo *m*
oreille orelha *f*
oreiller almofada *f*
organiser organizar
original original *m*
origine origem *f*; **être d'origine …** ser de origem...
os osso *m*
oser atrever-se
ou ou
où onde; **où est … ?** onde está, é…?; **où sont … ?** onde estão, são…?; **où vas-tu ?** aonde vais?; **d'où viens-tu ?** de onde vens?
oublier esquecer 28, 43
ouest : à l'ouest (de) a oeste (de)
oui sim
ouvert aberto
ouvre-boîtes abre-latas *m*
ouvre-bouteilles saca-rolhas *m*
ouvrir abrir

P

page página *f*
pain pão *m*
palais palácio *m*
pâle pálido
pamplemousse toranja *f*
panne avaria *f*; **tomber en panne** ter uma avaria 48; **être en panne d'essence** ficar sem gasolina 48
panneau (de signalisation) placa *f* 48
pansement penso *m*
pantalon calças *fpl*
papeterie papelaria *f*
papier papel *m*; **papiers (d'identité)** documentos *mpl* (de identidade)
papier à cigarette mortalha *f*
papier alu papel *m* de alumínio
papier-cadeau papel *m* de embrulho
papier-toilette papel *m* higiénico
Pâques Páscoa *f*; **joyeuses Pâques !** boa Páscoa!
paquet embrulho *m*; (de cigarettes) maço *m*
paraître : il paraît que … parece que…

par por; **par jour/heure** por dia/hora
parapluie guarda-chuva *m*
parasol guarda-sol *m*
parc parque *m*
parc d'attractions parque *m* de diversões
parce que porque
pardon (je m'excuse) desculpe; (s'il vous plaît) se faz favor
pare-brise pára-brisas *m*
pare-chocs pára-choques *m*
pareil igual
parents pais *mpl*
parfait perfeito
parfum (cosmétique) perfume *m*; (arôme) aroma *m*
parking (parque *m* de) estacionamento *m*
parler falar 25, 27, 128, 139
parmi entre
partager partilhar 68
partie parte *f*; **faire partie de** fazer parte de
partir partir 46; **à partir de** a partir de
partout em toda a parte
pas não; **pas du tout** de modo algum; **je ne sais pas** não sei
passage : être de passage estar de passagem 34
passager(ère) passageiro(a) *mf*
passé (n) passado *m*
passeport passaporte *m*
passer (du temps) passar; **je suis passé vers 7h** passei por volta das sete horas; **passer prendre quelqu'un** passar a apanhar alguém; **passer un coup de téléphone** fazer um telefonema
passionnant apaixonante
pastèque melancia *f*
pâté paté *m*
pâte massa *f*
pâtes massa *f*
patient paciente
pâtisserie (gâteau) doce *m*; (magasin) pastelaria *f*
patron patrão *m*
pauvre pobre
payant a pagar
payer pagar 108
pays país *m*
paysage paisagem *f*
Pays-Bas Países *mpl* Baixos
PCV a cobrar no destino; **appeler en PCV** fazer uma chamada a cobrar no destino 128
péage portagem *f*
peau pele *f*
pêche (fruit) pêssego *m*; **avoir la pêche** estar em forma
pêcher pescar
peigne pente *m*
peine pena *f*; **à peine** mal; **ça vaut la peine** vale a pena
peler (peau) pelar
pellicule (photo) rolo *m* 117, 118
pendant durante; **pendant une heure** durante uma hora; **pendant que** enquanto
penser pensar 57; **penser à** pensar em
pension complète pensão *f* completa
perdre perder 48, 139; **se perdre** perder-se 30; **être perdu** estar perdido 30; **perdre du temps** perder tempo
père pai *m*
périmé caducado
permettre permitir
permis de conduire carta *f* de condução
personne (n) pessoa *f* 56, 110
personne (pronom) ninguém
personnellement pessoalmente

petit pequeno; **petit à petit** pouco a pouco
petit déjeuner pequeno-almoço *m*
petits pois ervilhas *fpl*
peu pouco; **peu de** pouco; **un peu (de)** um pouco (de) 27, 111; **à peu près** mais ou menos 28
peuple povo *m*
peur : avoir peur (de) ter medo (de)
peut-être talvez
phare (de véhicule) farol *m*
pharmacie (de garde) farmácia *f* (de serviço)
photo fotografia *f*; **prendre en photo** tirar uma fotografia; **prendre une/des photo(s)** tirar uma fotografia/fotografias 117
photocopie fotocópia *f*
phrase frase *f*
pièce (monnaie) moeda *f* 129; (lieu) divisão *f*
pièce de rechange peça *f* sobresselente
pièce de théâtre peça *f* de teatro
pied pé *m*; **à pied** a pé
pierre pedra *f*
piéton peão *f*; **rue piétonne** rua *f* só para peões
pile pilha *f*; **3 heures pile** três horas em ponto
pilule pílula *f*; **prendre la pilule** tomar a pílula 135
pilule du lendemain pílula *f* do dia seguinte 135
piment piripiri *m*
pince à épiler pinça *f*
pipe cachimbo *m*
pipi : faire pipi fazer chichi
pique-nique piquenique *m*
pique-niquer fazer um piquenique
piquer picar; **se faire piquer (par)** ser mordido(a) (por) 134
piqûre (injection) injecção *f*; (d'insecte) picada *f*
pire pior; **c'est pire (que)** é pior (que)
piscine piscina *f*
piste cyclable pista *f* para ciclistas 102
pizzeria pizzaria *f*
place (siège) lugar *m* 41; (lieu public) praça *f*; **il n'y a plus de place** já não há lugar; **sur place** no local
place de parking (lugar *m* de) estacionamento *m*
plage praia *f*
plaie ferida *f*
plaindre (se) queixar-se
plaire agradar; **s'il te/vous plaît** se fazes/faz favor; **ça me plaît** eu gosto
plaisanter brincar
plaisir : faire plaisir à agradar a
plan (carte) plano *m* 30, 45, 92
planche à voile prancha *f* à vela
planche de surf prancha *f* de surf
plante planta *f*
plaque électrique placa *f* eléctrica
plastique plástico *m*
plat (n) (récipient) travessa *f*; (préparation) prato *m*
plat (adj) plano; **eau plate** água sem gás
plat de résistance prato *m* principal
plat du jour prato *m* do dia
plâtre : avoir un plâtre estar com gesso
plein cheio; **plein de** cheio de; **le plein (d'essence)** atestar (com gasolina) 48
pleurer chorar
pleuvoir chover; **il pleut** está a chover
plombage chumbo *m*
plombier canalizador *m*
plongée (sous-marine) mergulho *m*; **faire de la plongée** fazer mergulho 102

pluie chuva *f*
plupart : la plupart (de) a maior parte (de)
plus mais; **il n'y a plus de ...** já não há...; **plus que** mais do que; **à plus tard !** até mais logo!
plusieurs vários(as)
plutôt antes
pneu pneu *m*
poche bolso *m*
poêle fogão *f* de sala
poignet pulso *m*
poil pêlo *m*
point ponto *m*; **être sur le point de** estar prestes a; **à point** no ponto
pointure número *m* que calça
poire pêra *f*
poireau alho *m* francês
pois bola *f*
pois chiches grão-de-bico *m*
poisson peixe *m*
poissonnerie peixaria *f*
poitrine peito *m*
poivre pimenta *f*
poivron pimento *m*
poli educado
police polícia *f*
policier polícia *mf*
pollution poluição *f*
pommade pomada *f*
pomme maçã *f*
pomme de terre batata *f*
pompe à vélo bomba *f* de bicicleta
pompiers bombeiros *mpl*
pont ponte *f*
porc porco *m*
port porto *m*
portable portátil 128
porte porta *f*
portefeuille carteira *f*
porte-monnaie porta-moedas *m*
porter levar; (vêtement) trazer
portrait retrato *m*
Portugais(e) português *m*, portuguesa *f*
Portugal Portugal *m*
possible possível; **le plus tôt possible** o mais cedo possível
poste correios *mpl* 122
poste restante posta-restante *f*
potable potável; **non potable** não potável
pot d'échappement tubo *m* de escape
poubelle caixote *m* do lixo 60, 61; **mettre à la poubelle** pôr no lixo
poudre pó *m*
poule galinha *f*
poulet frango *m*
poumon pulmão *f*
pour para 56, 66; **pour que** para que; **pour cent** por cento
pourboire gorjeta *f*
pourquoi porquê; **pourquoi pas ?** porque não?
pousser empurrar
poussette carrinho *m* de bebé
pouvoir poder 84
pratique prático
précédent precedente
préféré preferido
préférer preferir
premier primeiro
prendre (avion) apanhar; (médicament) tomar; **ça prend 2 heures** isso leva duas horas
prénom nome *m* (de baptismo)
préparer preparar
près perto; **(tout) près de** (mesmo) ao pé de
présenter apresentar; **je te présente ...** apresento-te...
préservatif preservativo *m*
préservé preservado
presque quase

pressé : être pressé estar com pressa 143
pressing lavandaria *f*
pression (bière) fino *m*; (de pneu) pressão *f*
prêt pronto; **être prêt** estar pronto; **être prêt à** estar pronto a
prêter emprestar
prêtre padre *m*
prévenir prevenir
prévisions météo previsões *fpl* meteorológicas 39
prévoir prever 84
prier : je t'/vous en prie se fazes/faz favor
principal principal
printemps Primavera *f*
prise (électrique) tomada *f* 128
privé privado
prix preço *m*; (récompense) prémio *m*
probablement provavelmente
problème problema *f* 125
procession procissão *f*
prochain próximo 45; **à une prochaine !** atè à próxima!
proche próximo; **le plus proche** o mais próximo 48
produit produto *m*
professeur professor(a) *mf*
profession profissão *f*
profiter de aproveitar(-se)
profond profundo
programme (de télévision, des spectacles) programa *m*
progrès : faire des progrès fazer progressos
promener (se) passear; **aller se promener** ir passear
promettre prometer
promotion promoção *f*
prononcer pronunciar
proposer propor
propre limpo; (particulier) próprio
propriétaire proprietário(a) *mf*
protéger proteger; **se protéger** proteger-se
protestant protestante
prudent prudente
prune ameixa *f*
public (n & adj) público *m*
publicité publicidade *f*
puisque já que
pull pulôver *m*
pyjama pijama *m*

Q

quai cais *m*
qualité qualidade *f*; **de bonne qualité** de boa qualidade
quand quando; **quand même** mesmo assim
quart quarto *m*; **un quart d'heure** um quarto de hora
quartier bairro *m*
que que; (seulement) só; **que faites-vous ?** o que é que está/estão a fazer?; **qu'est-ce que … ?** o que é que…?; **plus petit que** mais pequeno (do) que; **je pense que …** penso que …
quel qual
quelqu'un alguém
quelque chose alguma coisa
quelquefois às vezes
quelque part em algum lado
quelques alguns (algumas)
quelques-uns alguns
queue (file) bicha *f*, fila *f*; **faire la queue** fazer bicha
qui quem; **celui qui parle** o que está a falar
quitter deixar; **ne quittez pas** não desligue

quoi o que; **il n'y a pas de quoi** não tem de quê
quoique embora

R

rabais : faire un rabais fazer um desconto 108
raccourci atalho *m*
raconter contar
radiateur radiador *m*
radio (transistor) rádio *m*; (rayons X) radiografia *f*
rage de dents forte dor *f* de dentes
raisin uva *f*
raisins secs passas *fpl*
randonnée passeio *m* 100; **faire de la/une randonnée** dar/um passeio(s)
ranger arrumar
rapatrier repatriar
rapide rápido
rappeler (au téléphone) voltar a telefonar 130; **se rappeler** lembrar-se; **ça me rappelle ...** isso lembra-me...
raquette raquete *f*
rare raro
rarement raramente
raser (se) barbear-se
rasoir gilete® *f*
rasoir électrique máquina *f* de barbear
rater (train, avion) perder 43
ravi encantado; **ravi de faire votre connaissance** prazer em conhecê-lo/-la/-los/-las
rayon (d'un magasin) secção *f* 110, 111
rayons X raios *mpl* X
réalité : en réalité na realidade
récent recente
réception (d'un hôtel) recepção *f*; (sur portable) captação *f* 131; **à la réception** na recepção 59
réceptionniste recepcionista *mf*
recette receita *f*
recevoir receber; (sur portable) captar
rechange : ... de rechange ... sobresselente 60
recharger (portable) recarregar 128
recommandé recomendado; **en recommandé** registado(a)
recommander recomendar 65, 67
reconnaître reconhecer
reçu recibo *m* 109, 136
réduction redução *f* 41, 93
réfléchir reflectir 112
réfrigérateur frigorífico *m*
refuge refúgio *m*
refuge de montagne abrigo *m* de montanha
refuser recusar
regarder olhar
régime regime *m*; **être au régime** estar de dieta
région região *f*; **dans la région** na região
règles menstruação *f*; **avoir ses règles** estar com o período
regretter lamentar
rein rim *m*
reine rainha *f*
rejoindre ir ter com 35, 85
religieuse (n) freira *f*
religion religião *f*
remarquer reparar
rembourser reembolsar; **se faire rembourser** ser reembolsado(a) 136
remercier agradecer
remontée mécanique teleférico *m*
remparts muralhas *fpl*
remplir encher; (formulaire) preencher 140
rencontrer encontrar; **se rencontrer** encontrar-se
rendez-vous encontro *m*; **prendre un rendez-vous** marcar uma consulta

133; **se donner rendez-vous** marcar encontro; **avoir rendez-vous (avec)** ter encontro marcado (com) 134
rendre devolver
renseignement informação *f* 92; **les renseignements** as informações
rentrer (à la maison) regressar
renverser entornar; **se faire renverser** ser atropelado(a)
réparer reparar 48; **faire réparer** mandar reparar
repas refeição *f*
repasser (vêtement) passar a ferro
repère : point de repère ponto *m* de referência
répéter repetir 27, 128
répondeur atendedor *m* de chamadas
répondre responder
réponse resposta *f*
reposer (se) descansar
réservé reservado
réserver reservar 41, 56, 67, 87
ressembler à parecer-se com 29; **se ressembler** ser parecido(a)
restaurant restaurante *m*
reste resto; **le reste** o resto
rester ficar *m* 56, 57; **est-ce qu'il reste des places ?** ainda há lugares?
retard atraso *m*; **en retard** atrasado(a) 85
retardé atrasado
retirer (de l'argent) levantar
retour regresso *m*; **être de retour** estar de volta 129, 148
retrait des bagages levantamento *m* da bagagem
retraite reforma *f*; **être à la retraite** estar reformado(a) 33
retraité reformado
retrouver (se) (rendez-vous) encontrar-se 85, 89, 148
réunion reunião *f*
rêve sonho *m*
réveil despertador *m*
réveiller acordar; **se réveiller** acordar
revenir regressar
rêver sonhar
revoir (se) voltar a ver-se; **au revoir** até logo
revue revista *f*
rez-de-chaussée rés-do-chão *m*
rhum rum *m*
rhumatismes reumatismo *m*
rhume constipação *f* 137
rhume des foins febre-dos-fenos *f*
riche rico
rien nada; **ça ne fait rien** não faz mal
rigoler (plaisanter) brincar
rire rir
risque risco *m*
rivière rio *m*
riz arroz *m*
robe vestido *m*
rocher rochedo *m*
roi rei *m*
rollers patins *mpl* em linha
romantique romântico
rond-point rotunda *f*
ronfler ressonar
robinet torneira *f*
robinet d'arrêt torneira *f* de segurança
rose (n) (fleur) rosa *f*
rose (adj) (couleur) cor-de-rosa
roue roda *f*
roue de secours pneu *m* sobresselente
rouge vermelho
route estrada *f*
rouvrir reabrir
roux ruivo
Royaume-Uni Reino *m* Unido
rue rua *f*
rugby râguebi *m*
ruines ruínas *fpl*; **en ruines** em ruínas

S

sa seu, sua
sable areia *f*
sac saco *m*
sac à dos mochila *f*
sac à main carteira *f*
sac de couchage saco-cama *m*
sac plastique saco *m* de plástico 108
sac poubelle saco *m* do lixo
sachet (de thé) saquinho *m*
sage sensato; (enfant) bem comportado
saignant mal passado
saigner sangrar
saison estação *f*
salade salada *f*
sale sujo
salé salgado
salir sujar; **se salir** sujar-se
salle sala *f*; **salle de cinéma/concert** sala *f* de cinema/concertos
salle de bains casa *f* de banho
salon sala *f* (de estar)
salut ! (bonjour) olá!; (au revoir) chau!
samedi sábado *m*
sandales sandálias *fpl*
sandwich sandes *f*
sang sangue *m*
sanitaires sanitários *mpl*
sans sem
santé saúde *f*; **être en bonne santé** estar de boa saúde; **santé !** saúde!
sardine (poisson) sardinha *f*; (de tente) espia *f*
sauce molho *m*
saucisse salsicha *f*
saucisson salpicão *m*, paio *m*
sauf excepto
saumon salmão *m*
sauvage selvagem
sauvegarder salvaguardar
savoir saber
savon sabão *m*
scooter scooter *f*
Scotch® fita-cola *f*
sec seco
sèche-cheveux secador *m* de cabelo
sécher secar; **faire sécher** (linge) pôr a secar
sécheresse seca *f*
seconde segundo *m*
secours socorro *m*; **au secours !** socorro!; **appeler au secours** pedir socorro
secret segredo *m*
secrétaire secretário(a) *mf*
sécurité segurança *f*; **en sécurité** em segurança
sein seio *m*
séjour estadia *f*
sel sal *m*
semaine semana *f*; **en semaine** durante a semana; **toute la semaine** toda a semana
sens sentido *m*
sensible sensível
sentier carreiro *m* 100
sentir (percevoir) sentir; (dégager une odeur) cheirar, **sentir bon/mauvais** cheirar bem/mal; **se sentir** sentir-se; **se sentir bien/mal** sentir-se bem/mal 134
séparément separadamente
séparer separar; **se séparer** separar-se
septembre Setembro *m*
sérieux sério
serré apertado
serrure fechadura *f*
serveur(euse) empregado(a) *mf* de mesa
service (pourboire) serviço *m*; **rendre un service** fazer um favor

serviette (de toilette) toalha *f*; (de table) guardanapo *m*
serviette de bain toalha *f* de banho
serviette en papier guardanapo *m* de papel
serviette hygiénique penso *m* higiénico
servir : servir à servir para; **se servir de** servir-se de
ses seus, suas
seul só; **un seul** só um; **voyager seul** viajar sozinho
seulement só
sexe sexo *m*
shampooing champô *m*
shopping shopping *m*; **aller faire du shopping** ir às compras
short calções *mpl*
si se; (tellement) tão; (oui) sim
sida sida *f*
siècle século *m*; **au XIXe siècle** no século XIX
sien : le sien/la sienne o dele/a dela
sieste sesta *f*; **faire la sieste** dormir a sesta
signer assinar 109
signifier significar
silence silêncio *m*
simple simples
sinon senão
sirop (médicament) xarope *m*
site Internet site *m* de Internet
situation situação *f*
ski esqui *m*; **faire du ski** esquiar
ski nautique esqui *m* aquático
slip cuecas *fpl*
slip de bain calções *mpl* de banho
société sociedade *f*
sœur irmã *f*
soie seda *f*
soif : avoir soif ter sede
soir noite *f*; **ce soir** esta noite; **le soir** à noite
soirée (soir) noite *f*; (fête) recepção *f*; **dans la soirée** durante a noite
sol solo *m*
soldes saldos *mpl*; **en soldes** em saldo
soleil sol *m*; **au soleil** ao sol
sommeil : avoir sommeil ter sono
sommet cume *m*
somnifère sonífero *m*
son (pronom) seu, sua
sortie saída *f*
sortie de secours saída *f* de emergência
sortir sair 129; **sortir avec quelqu'un** sair com alguém; **sortir les poubelles** pôr o lixo na rua
souci preocupação *f*
souffrir sofrer
souhait desejo *m*; **à tes/vos souhaits !** santinho(a)!
soûl embriagado
soupe sopa *f*
sourd surdo
sourire (v) sorrir
souris rato *m*
sous debaixo
sous-titré legendado
sous-vêtements roupa *f* interior
soutien-gorge soutien *m*
souvenir (n) recordação *f*; **en souvenir de** em lembrança de
souvenir : (v) **se souvenir (de)** lembrar-se (de)
souvent muitas vezes; **pas souvent** raramente
sparadrap penso *m*
spécial especial
spécialité especialidade *f*
spectacle espectáculo *m* 87
sport desporto *m*
sportif (adj) desportivo
stade estádio *m*

stage estágio *m*
stand stand *m*
standardiste telefonista *mf*
station estação *f*
station balnéaire estação *f* balnear
station de ski estação *f* de esqui
station-service bombas *fpl* de gasolina 48
statue estátua *f*
steak bife *m*
stérilet DIU *m*, dispositivo *m* intra-uterino
stop stop *m* 49; **faire du stop** andar à boleia
studio (appartement) apartamento *m*
style estilo *m*
stylo caneta *f*
succès êxito *m*
sucette chupa-chupa *m*
sucre açúcar *m*
sucré doce
sud : au sud (de) a sul (de)
suffire bastar; **ça suffit** já chega; **il suffit de …** basta…
suivant seguinte
suivre seguir 139; **faire suivre** ao cuidado de 123
super (n) (essence) super *m*
super (adj) porreiro
superbe espectacular
supermarché supermercado *m*
supplément suplemento *m*
supplémentaire suplementar
supporter suportar; **je ne supporte pas…** não suporto…
suppositoire supositório *m*
sur (dessus) em cima de; (au-dessus de) sobre
sûr seguro; **être sûr** ter a certeza
surf surf *m*
surfer surfar
surgelé congelado; **les surgelés** os congelados *mpl*
surprise surpresa *f*
surveiller vigiar 139
sympa fixe
synagogue sinagoga *f*
syncope síncope *f* 135

T

ta teu, tua
tabac (à fumer) tabaco *m*; (magasin) tabacaria *f*
table mesa *f* 66
tableau (d'art) quadro *m*
tache mancha *f*
taie d'oreiller fronha *f* (de almofada)
taille (grandeur) tamanho *m* 112; (partie du corps) cintura *f*
talon : chaussures à talons sapatos *mpl* altos
tampon (hygiénique) tampão *m*
tant : tant pis não faz mal
taper (à l'ordinateur) escrever
tapis tapete *m*
tapis de sol chão *m* de uma tenda
tard tarde; **à plus tard** até logo; **trop tard** demasiado tarde 143
tarif tarifa *f*; **plein tarif** tarifa *f* normal 93
tarif réduit tarifa *f* reduzida 93
tarte tarte *f*
tasse chávena *f*
taux de change taxa *f* de câmbio
taxe taxa *f*; **taxe d'aéroport** taxa *f* de aeroporto; **hors taxes** sem IVA
taxi táxi *m* 49
te te
tee-shirt T-shirt *f*
téléphone telefone *m* 56, 127
téléphone portable telemóvel *m* 131
téléphoner (à) telefonar a
télésiège telecadeira *f*
télévision televisão *f*

température temperatura *f*; **prendre sa température** ver a febre
tempête tempestade *f*
temple templo *m*
temporaire temporário
temps tempo *m*; **de temps en temps** de tempos a tempos; **tout le temps** sempre; **avoir le temps de ...** ter tempo para... 143
tenir segurar; **tiens !** olha!
tennis (sport) ténis *m*; (chaussures) sapatilhas *fpl*
tension tensão *f*
tente tenda *f*
terminal terminal *m*
terrain : terrain de sports/de tennis/de golf campo *m* desportivo/ de ténis/ de golfe; **terrain de camping** parque *m* de campismo
terrasse terraço *m*; **en terrasse** na esplanada
terre terra *f*; **par terre** no chão; **la Terre** a Terra
terrible terrível; **pas terrible** não é lá grande coisa
tes teus, tuas
tête cabeça *f*
thé chá *f*
théâtre teatro *m*
thermomètre termómetro *m*
thermos® termo *m*
thon atum *m*
ticket bilhete *m* 86, 93
ticket de caisse ticket *m* de caixa
tiède morno
tien(enne) teu, tua; **le tien/la tienne** o teu/a tua
timbre selo *m* 122
timide tímido
tire-bouchon saca-rolhas *m*
tire-fesses telesqui *m*
tirer puxar
tisane infusão *f*
tissu tecido *m*
toi tu; (objet direct, indirect) te; (après préposition) ti
toilettes casa *f* de banho; **toilettes pour hommes/femmes** WC *m* para homens/senhoras
tomate tomate *m*
tomber cair; **tomber malade** adoecer; **laisser tomber** desistir
ton teu, tua
tongs chinelos *mpl* (de enfiar o dedo)
torchon pano *m* (da cozinha)
tordre (se) torcer(-se) 135
tôt cedo 143
toucher tocar
toujours sempre
tour : c'est ton tour é a tua vez
touriste turista *m*
touristique turístico
tournée : c'est ma tournée esta rodada é minha
tourner virar
tous todos; **tous les deux** os dois; **tous les jours** todos os dias
tousser tossir
tout(e) tudo; **tout le temps** sempre; **tout le monde** toda a gente; **toute la journée** todo o dia; **tout de suite** imediatamente; **tout droit** sempre em frente
toutes voir **tous**
toux tosse *f*; **avoir de la toux** estar com tosse
tradition tradição *f*
traditionnel tradicional
traduire traduzir
train comboio *m* 45
traiteur take-away *m*
tramway eléctrico *m*
tranche fatia *f* 110
tranquille tranquilo; **laissez-moi tranquille !** deixe-me em paz!

transpirer transpirar
travail trabalho *m*
travailler trabalhar; **travailler dans** trabalhar em 33
travaux obras *fpl*
travellers cheque traveller's check *m*
travers : à travers através
traverser (rue) atravessar
très muito
triste triste
tromper (se) enganar-se 30, 129
trop demais; **trop de** a mais
trou buraco *m*
trousse de toilette estojo *m* de toilette
trouver achar
truc coisa *f*
tu tu
tuer matar
tupperware® tupperware® *m*
TVA IVA *m*
type tipo *m*
typique típico

U

un (une) (article, nombre) um, uma
Union européenne União *f* Europeia
urgence urgência *f*; **en cas d'urgence** em caso de emergência *f*; **appeler les urgences** telefonar para as urgências
urgent urgente 138
utile útil
utiliser utilizar

V

vacances férias *fpl*; **en vacances** de férias 35; **passer les vacances à …** passar as férias em…
vacciner : être vacciné contre estar vacinado contra 136
vache vaca *f*
vague (n) onda *f*
vaisselle : faire la vaisselle lavar a louça
valable (pour) válido (para) 93
validité validade *f*; **en cours de validité** durante a validade
valise mala *f*; **faire ses valises** fazer as malas
vallée vale *m*
valoir valer; **ça vaut …** (somme) custa…; **il vaut mieux …** vale mais… 38
vanille baunilha *f*
veau vitela *f*
végétarien vegetariano
vélo bicicleta *f*
vendeur(euse) vendedor(a) *mf*
vendre vender; **à vendre** vende-se
vendredi sexta-feira *f*
venir vir; **je viens de Paris** venho de Paris; **je viens d'arriver** acabo de chegar
vent vento *m*
ventilateur ventoinha *f*
ventre barriga *f*
vérifier verificar
verre copo *m* 69; **verre d'eau/de vin** copo de água/de vinho; **boire un verre** beber um copo 65, 84
verrou ferrolho *m*
vers (en direction de) em direcção a; (environ) por volta de
version : en version originale em versão original
vert verde
veste casaco *m*
vestiaire vestiário *m*
vêtement roupa *f*
vétérinaire veterinário(a) *mf*
veuf (veuve) viúvo(a) *mf*
vexé ofendido
viande carne *f*
viande hachée carne *f* picada

vide vazio
vidéo vídeo *m*
vie vida *f*
vieux (personne) idoso; (chose) velho
villa vivenda *f*
village aldeia *f*
ville cidade *f*; **vieille ville** parte velha da cidade
vin vinho *m*; **vin blanc/rouge/rosé** vinho branco/tinto/rosé
vinaigre vinagre *m*
vinaigrette vinagreta *f*
viol viloação *f*
violet violeta
virement (bancaire) transferência *f* 120
visa visto *m*
visite visita *f*; **rendre visite à** visitar
visite guidée visita *f* guiada 94
visiter visitar 35
vite depressa
vitesse velocidade *f*; **à toute vitesse** a grande velocidade
vitraux vitrais *mpl*
vitre vidro *m*
vitrine : en vitrine na montra
vivant vivo
vivre viver
vœux : meilleurs vœux votos *mpl* de boas festas!
voici aqui está, eis
voilà aqui está, eis
voile : faire de la voile praticar vela
voir ver
voisin vizinho *m*
voiture carro *m*; (d'un train) carruagem *f*; **en voiture** de carro
voix voz *f*
vol (criminel) roubo *m*; (d'avion) voo *m*
volaille ave(s) *fpl*
voler (dérober) roubar 139; (dans l'air) voar
voleur ladrão *m*
volley(-ball) voleibol *m*
vomir vomitar; **avoir envie de vomir** estar com vontade de vomitar
vos vossos(as)
votre vosso(a)
vôtre vosso(a); **le/la vôtre** o/a vosso(a)
vouloir querer; **vouloir dire** querer dizer; **je voudrais ...** eu queria...
vous vocês (voir grammaire)
voyage viagem *f* 42; **bon voyage !** boa viagem!
voyage d'affaires viagem *f* de negócios
voyage de noces viagem *f* de núpcias
voyage organisé viagem *f* organizada
voyager viajar 111
vrai (exact) verdade; (véritable) verdadeiro(a)
vraiment mesmo
VTT BTT *f*
vue vista *f*; **vue sur mer** vista para o mar

W

Walkman® walkman® *m*
W-C WC *m*
week-end fim-de-semana *m*
whisky whisky *m*

Y

y lá; **il y a** há; **pensez-y** pense nisso
yaourt iogurte *m*
yeux olhos *mpl*

Z

zéro zero *m*
zoo jardim *m* zoológico
zoom zoom *m*

A

a (préposition) à; a 2 Km à 2 km; ir ao cinema/à praia aller au cinéma/à la plage; vou ao Brasil/à Alemanha je vais au Brésil/en Allemagne
a(s) (article) la, les; a/as casa(s) la/les maison(s); a Sofia Sofia
a(s) (pronom) la, les; eu vi-a(s) je l'/les ai vue(s); (vous) je vous ai vue(s); a(s) que vi celle(s) que j'ai vue(s)
abacate avocat
abacaxi ananas
abadia abbaye
abafado (temps) lourd
abaixo au-dessous; abaixo (de) en dessous (de)
abarrotar: a abarrotar bondé
abelha abeille
aberto ouvert
abertura ouverture
aborrecer-se s'ennuyer
abre-latas ouvre-boîtes
Abril avril
abrir ouvrir
acabar finir
acaso hasard; por acaso par hasard; ao acaso au hasard
aceitar accepter
acelerador accélérateur
acender allumer
acento accent
acessível acessible; (prix) abordable
acesso accès
achar trouver
acidente accident
acima au-dessus de; mais acima plus haut; acima (de) au-dessus (de); acima de tudo par-dessus tout
acolhedor accueillant
acompanhar accompagner; (cours) suivre
aconselhar conseiller
acontecer arriver
acordar (se) réveiller
acreditar croire
açúcar sucre
adaptador adaptateur
adiantado avancé; estar adiantado être en avance; pagar adiantado payer d'avance
admirar admirer, étonner
adoecer tomber malade
adolescente adolescent(e)
adorar adorer
adormecer (s')endormir
adulto adulte
aeroporto aéroport
afogar noyer; afogar-se se noyer
agência de viagens agence de voyages
agoniado: estar agoniado avoir la nausée
agora maintenant; ele saiu agora mesmo il est sorti à l'instant
Agosto août
agradar plaire; agradar a faire plaisir à
agradável agréable
agradecer remercier
agravar aggraver; agravar-se s'aggraver
agredir agresser
água eau
água com gás eau gazeuse
água gaseificada eau gazeuse
água mineral eau minérale
água sem gás eau plate

ainda encore; **ainda não** pas encore; **ainda mais** encore plus; **ainda bem!** tant mieux !
ajuda aide
ajudar aider
álcool alcool
álcool a 90° alcool à 90°
aldeia village
Alemanha Allemagne
alemão(a) Allemand(e)
alérgico allergique
alfabeto alphabet
alface laitue
alfândega douane
algas algues
algodão coton
alguém quelqu'un
algum(a) un(e); **alguma coisa** quelque chose; **algum dia** un jour
alguns, algumas quelques; **alguns dias** quelques jours; **queres algumas?** tu en veux quelques-unes ?
alho ail
alho francês poireau
ali là, là-bas
aliás d'ailleurs
almoçar déjeuner (v)
almoço déjeuner (n)
almofada oreiller, coussin
alojamento logement
alojar héberger
alperce abricot
alto grand, haut; (voix) fort
alugar louer
aluguer loyer
amanhã demain; **até amanhã!** à demain !; **amanhã de manhã/à noite** demain matin/soir
amarelo jaune
amargo amer
ambiente ambiance, environnement
ambulância ambulance
ameixa prune
amêndoa amande
amendoins cacahouètes
americano(a) américain(e)
amigo(a) ami(e)
amor amour
ampola ampoule
ananás ananas
anca hanche
andar (n) étage
andar (v) marcher
andebol handball
anel bague
anestesia anesthésie
angina(s) angine
animado animé
animal animal
aniversário: feliz aniversário! bon anniversaire !
ano an, année; **bom ano novo!** bonne année !; **tenho 22 anos** j'ai 22 ans
anotar noter
anteontem avant-hier
antes avant; (de préférence) plutôt; **antes de** avant de
antibiótico antibiotique
antigo ancien, antique
Antiguidade Antiquité
anular annuler
apagar éteindre, effacer
apaixonante passionnant
apanhar ramasser, attraper, prendre
aparelhagem chaîne (hi-fi)
apartamento appartement, studio
apendicite appendicite
aperitivo apéritif; **tomar um aperitivo** prendre l'apéritif
apertado serré

apetecer avoir envie de; **apetece-te?** ça te dit ?
apetite appétit; **bom apetite!** bon appétit !
apoiar (em) appuyer (sur)
apontar: apontar com o dedo montrer du doigt
aprender apprendre
apresentar présenter
aproveitar(-se) profiter de
aquecimento chauffage
aquele(a) ce, cette; **aquele livro** ce livre; **aquela borracha** cette gomme; **aquele/aquela que** celui/celle qui
aqui ici; **por aqui** par ici; **aqui está** voici
aquilo cela; **aquilo que** ce que
ar air; **ao ar livre** en plein air; **ter um ar cansado** avoir l'air fatigué
aranha araignée
areia sable
arredores: nos arredores dans les environs
arrendamento location
arrendar louer
arroz riz
arrumar ranger
arte art
artesanal artisanal
artigo article
árvore arbre
Ásia Asie
asma asthme
aspirina aspirine
assalto cambriolage
assim ainsi; **assim assim** comme ci comme ça; **assim que** dès que
assinar signer
atacadores lacets
atalho raccourci
ataque attaque
ataque cardíaco crise cardiaque
até jusque; **até amanhã** jusqu'à demain
atenção attention; **chamar a atenção** attirer l'attention
atendedor de chamadas répondeur
atestar faire le plein (d'essence)
atrás derrière; **voltar atràs** faire marche arrière
atrasado en retard
atraso retard
através à travers, par
atravessar traverser
atrever-se oser
atropelado: ser atropelado(a) se faire renverser
atum thon
aula cours
autêntico authentique
auto-caravana camping-car
autocarro bus, car
autoclismo: puxar o autoclismo tirer la chasse d'eau
auto-estrada autoroute
autor auteur
avaria panne; **ter uma avaria** tomber en panne
ave oiseau
avelã noisette
avenida avenue
avião avion; **por avião** par avion
aviso écriteau, avis
azeitonas olives
azul bleu; **azul claro** bleu clair

B

baby-sitter baby-sitter
bagagem bagages; **depósito de bagagens** consigne automatique

bagagem de mão bagages à main
bairro quartier
baixo: (n) **em baixo** en bas; **por baixo de** sous; **parte de baixo** dessous
baixo (adj) bas, petit
balão ballon
balcão comptoir, balcon
banana banane
banco siège; (d'hôpital) urgences; (agence) banque
bandeira drapeau
banho bain; **tomar um banho** prendre un bain
bar bar
barata cafard
barato pas cher, bon marché
barba barbe
barbear-se (se) raser
barco bateau
barriga ventre
barulhento bruyant
barulho bruit
basílica basilique
basquete(bol) basket
bastante assez
bastão de esqui bâton de ski
bastar suffire; **basta...** il suffit de ...
batata pomme de terre; **batatas fritas** chips, frites
bateria batterie
baunilha vanille
bebé bébé
beber boire
bebida boisson
beijar embrasser
beijo baiser; **dar um beijo a alguém** embrasser quelqu'un
beira-mar bord de la mer
belga belge
Bélgica Belgique
belo(a) beau, belle
bem bien; **tudo bem?** ça va ?
bem-vindo bienvenu
beringela aubergine
biberão biberon
bica café, expresso
bicha queue; **fazer bicha** faire la queue
bicicleta vélo
bife steak
bigode moustache
bilhete billet
bilhete de ida aller
bilhete de ida e volta aller-retour
bilhete de identidade carte d'identité
bilhete postal carte postale
bilheteira billetterie
binóculos jumelles
biológico (produit) bio
biscoito biscuit
bloqueado bloqué
blusão blouson
boa voir **bom**
boas-vindas: dar as boas-vindas souhaiter la bienvenue
boca bouche
bóia bouée
bola balle, ballon
boleia: andar à boleia faire du stop
bolo gâteau
bolso poche
bom bon
bomba de bicicleta pompe à vélo
bomba de gasolina station-service
bombeiros pompiers
boné casquette
bonito joli
borbulha bouton, bulle
bosque bois
botas bottes
botija de gás bouteille de gaz

boxer caleçon
braço bras
branco blanc
bravo! bravo !
breve: em breve bientôt; **até breve!** à bientôt !
brincar jouer, plaisanter
brincos boucles d'oreilles
brinquedo jouet
brochura brochure
brócolos brocolis
bronquite bronchite
bronzeado bronzé
bronzear (-se) (se) bronzer
BTT VTT
buraco trou
buscar chercher; **ir buscar** aller chercher

C

cabeça tête
cabeleireiro coiffeur
cabelos cheveux
cabide cintre
cabine cabine
cabra chèvre
cacete baguette
cachimbo pipe
cada chaque; **cada um(a)** chacun(e); **cada dois dias** tous les 2 jours
cadeira chaise
cadeira de rodas fauteuil roulant
caderno cahier
caducado périmé
café café
café com leite café au lait, café crème
cair tomber
cais quai
caixa boîte, caisse; **caixa automática (multibanco)** distributeur (automatique de billets)
caixa de velocidades boîte de vitesses
caixa do correio boîte aux lettres
caixote caisse
caixote do lixo poubelle
calças pantalon
calças de ganga jean
calções short
calções de banho maillot de bain
calmo calme
calor chaleur; **estar com calor** avoir chaud; **está calor** il fait chaud
cama lit
camada couche
câmara caméra
câmara de ar chambre à air
câmara municipal mairie, hôtel de ville
camarão crevette
camião camion
caminhar marcher
caminho chemin; **a caminho** en route
camisa chemise; **camisa de dormir** chemise de nuit
camping-gaz camping-gaz®
campismo camping; **parque de campismo** camping; **fazer campismo** faire du camping
campo campagne, terrain
canal canal, chaîne
canalizador plombier
canção chanson
candeeiro lampe
caneta stylo
cansado fatigué
cansativo fatigant
cantar chanter
cantil gourde
cão chien

capa (dossier) chemise
capacete casque
capela chapelle
caranguejo crabe
caravana caravane
cardíaco cardiaque
cárie: ter uma cárie avoir une carie
carne viande
carneiro mouton
carne picada viande hachée
caro cher
carreiro sentier
carrinho de bebé poussette
carrinho de supermercado Caddie®
carro voiture; **de carro** en voiture
carruagem voiture
carruagem-cama wagon-lit
carta lettre, carte
carta de condução permis de conduire
cartão carte
cartão de crédito carte de crédit
cartão Multibanco Carte Bleue®
cartão telefónico carte de téléphone
carta registada lettre recommandée
cartaz affiche
carteira portefeuille, sac à main
carteiro facteur
casa maison; **em casa de** chez
casa de banho (privé) salle de bains; (public) toilettes
casaco veste, manteau
casado marié
casamento mariage
caso cas; **no caso de** au cas où; **em caso de...** en cas de ...
cassete cassette
castanho marron
castelo château
catedral cathédrale
católico catholique
caução caution
causa cause; **por causa de** à cause de
cavalo cheval
cebola oignon
cedo tôt
cego aveugle
célebre célèbre
cemitério cimetière
cenoura carotte
centímetro centimètre
centro centre
centro comercial centre commercial
centro da cidade centre-ville
centro de saúde dispensaire
cerca: cerca de environ
cereja cerise
certo (exact) juste; (certain) sûr
cerveja bière
céu ciel
chá thé
chamada appel; **fazer uma chamada a cobrar no destino** appeler en PCV
chamada local communication locale
chamar appeler; **chamar-se** s'appeler
champanhe champagne
champô shampooing
chão sol; **no chão** par terre
chapéu chapeau, parasol, parapluie
charcutaria charcuterie
charuto cigare
chave clé
chávena tasse
check-in enregistrement (des bagages); **fazer o check-in** enregistrer
chefe chef
chegada arrivée
chegar arriver; (être suffisant) suffire; **já chega!** ça suffit !
cheio plein

cheirar sentir; cheirar bem/mal sentir bon/mauvais
cheiro odeur
cheque chèque
cheque de viagem chèque de voyage
cheque visado chèque certifié
chichi: fazer chichi faire pipi
chinelos tongs
chinês chinois
chocolate chocolat
chocolate de leite chocolat au lait
chocolate preto chocolat noir
chocolate quente chocolat chaud
choque choc
chorar pleurer
chover pleuvoir; está a chover il pleut
chumbo plomb; (de dent) plombage
chupa-chupa sucette
chuva pluie
ciber-café café Internet
cidade ville
cigarro cigarette
cima: de cima d'en haut, du dessus; em cima de sur; por cima de par-dessus; parte de cima dessus, haut; ali em cima là-haut
cinema cinéma
cinto ceinture
cinto de segurança ceinture de sécurité
cintura taille
cinzeiro cendrier
cinzento gris
circo cirque
circulação circulation
claro clair
classe classe; primeira/segunda classe première/deuxième classe
classe executiva classe affaires
classe turística classe économique
clássico classique
clementina clémentine
clima climat
climatização climatisation
clube club
cobertor couverture
cobre cuivre
código code
código de acesso code d'entrée
código pessoal code confidentiel
código postal code postal
coelho lapin
cogumelos champignons
coisa chose
cola colle
colar collier
colchão matelas
colchão de ar matelas pneumatique
colesterol cholestérol
colher cuiller
colher de café cuiller à café
colina colline
collants collants
colónia colonie
colónia de férias colonie de vacances
com avec
comboio train
começar commencer
comer manger
comércio commerce
comichão: fazer comichão démanger
comida nourriture
comissão commission
como comme, comment; tão grande como... aussi grand que ...
companhia compagnie
compartimento compartiment
completamente complètement
completo complet

compra achat; **fazer as compras** faire les courses
comprar acheter
compreender comprendre
comprimido serré, comprimé
computador ordinateur
computador portátil ordinateur portable
concerto concert
concha coquille
concordar être d'accord; **eu concordo** je suis d'accord
condimentado épicé
conduzir conduire
conferência conférence
confiança confiance; **ter confiança (em)** avoir confiance (en)
confiar: confiar a confier à; **confiar em** faire confiance à
confirmar confirmer
confortável confortable
congelado congelé; **produtos congelados** produits surgelés
congelador congélateur
conhaque cognac
conhecer connaître
conhecido (n) connaissance
conhecido (adj) connu
conhecimento connaissance; **conhecimentos** (proches) relations; (savoir) connaissances
conjunto ensemble
conseguir obtenir; **conseguir fazer** réussir à faire
conselho conseil; **pedir conselho (a)** demander conseil (à)
constipação rhume
constipado enrhumé
construído: construído em… construit en …
consulado consulat
consulta consultation; **marcar uma consulta** prendre un rendez-vous
consumir consommer
consumo consommation
conta compte, addition
contactar contacter
contacto contact; **manter em contacto** rester en contact
contador (da luz) compteur (électrique)
contagioso contagieux
contar compter; **contar com** compter sur
contemporâneo contemporain
contente content
continuação continuation; **boa continuação!** bonne continuation !
continuar a continuer à
contra contre
contraceptivo contraceptif
contrário contraire; **pelo contrário** au contraire
contrato contrat
convidado invité
convidar inviter
copo verre; **beber um copo** prendre un verre
cor couleur
coração cœur
coragem courage; **coragem!** bon courage !
cordeiro agneau
cor-de-laranja orange
corpo corps
correcto correct
correio poste, courrier; **pelo correio** par la poste
correio azul Chronopost®

corrente courant; (de vélo) chaîne; **estar ao corrente de** être au courant de
correspondência correspondance
cortar couper; (route) barrer; **cortar-se** se couper; **cortado às fatias** coupé en tranches
corta-unhas coupe-ongles
costa côte (marítime)
costas dos
costela côte (partie du corps)
costeleta côtelette; **costeleta de borrego** côte d'agneau
cotonete coton-tige®
couchette couchette
courgete courgette
couro cuir
couve chou
couve-flor chou-fleur
coxa cuisse
cozer cuire
cozido cuit
cozinha cuisine
cozinhar cuisiner, faire la cuisine
creme crème
creme de barbear crème à raser
creme hidratante crème hydratante
creme solar crème solaire
crer: creio que… je crois que …
crescer grandir, augmenter
criança enfant
crise crise
crise de apendicite crise d'appendicite
crítica critique
criticar critiquer
crustáceos crustacés
cruz croix
cruzeiro croisière
cubo de gelo glaçon
cuecas slip
cuidado (adj) soigné
cuidado (n) attention
cujo(a) dont
culpa faute
cume sommet
curar guérir
curso: tirar um curso de faire des études de; **em curso** en cours
curto court
custar coûter; **quanto custa?** combien ça coûte ?

D

dados coordonnées
dança danse
dançar danser
daqui d'ici; **daqui a um quarto de hora** d'ici un quart d'heure; **daqui em diante** à partir de maintenant
dar donner; **dar prazer/medo** faire plaisir/peur; **dar problemas** poser des problèmes; **dá para a praia** donne sur la plage; **dar-se bem com alguém** s'entendre bien avec quelqu'un
data date
data de nascimento date de naissance
data limite date limite
datar (de) dater (de)
de de; **produto do Brasil/da Alemanha/dos EUA** produit du Brésil/de l'Allemagne/des EUA; **mais lento do que…** plus lent que …; **ir de bicicleta** aller à vélo; **de preto** en noir
debaixo dessous; **debaixo de** sous
decepcionante décevant
decidir décider
declaração déclaration
declarar déclarer

dedo doigt
defeito défaut
deficiente handicapé
degrau marche
deitar allonger, coucher; (objet) mettre; **deitar cartas no correio** poster des lettres; **deitar ao chão** renverser; **deitar-se** se coucher, s'allonger
deixar laisser, quitter
dele(a) son, sa; **a casa dele(a)** sa maison; **os pais dele(a)** ses parents
deles(as) leur(s); **a casa deles(as)** leur maison; **os pais deles(as)** leurs parents
delicioso délicieux
demais trop
dente dent
dentista dentiste
dentro dedans, à l'intérieur; **dentro do armário** dans l'armoire; **aí dentro** là-dedans; **dentro em pouco** d'ici peu; **dentro de uma hora** dans une heure
depender (de) dépendre (de)
depilar épiler
depois après
depois de amanhã après-demain
depressa vite
desagradável désagréable
desaparecer disparaître
descafeinado déca
descansar (se) reposer
descartável jetable
descer descendre
descobrir découvrir
descolar décoller
desconto: fazer um desconto faire un rabais
descontrair-se se détendre
desculpa excuse
desculpar(-se) (s')excuser; **desculpe, ...** excusez-moi, ...; **desculpe!** pardon !
desde de, depuis; (si) à condition que
desdobrável dépliant
desejo souhait, envie
desenho dessin
desenrascar-se se débrouiller
deserto désert
desfocado flou
desiludido déçu
desinfectar désinfecter
desistir renoncer
desligar (appareil) éteindre, débrancher; (téléphone) raccrocher; **não desligue** ne quittez pas
desmaiar s'évanouir
desodorizante déodorant
despachar-se se dépêcher
despertador réveil
despertar (se) réveiller
desportivo sportif
desporto sport
destinatário destinataire
detergente liquide vaisselle; (pour vêtements) lessive
detestar détester
devagar lentement
dever devoir
devolver rendre
Dezembro décembre
dia jour; **bom dia!** bonjour !; **no dia seguinte** le lendemain; **dia útil** jour ouvrable; **durante o dia** pendant la journée
diabetes diabète
dialecto dialecte
diante: diante de (dans le temps) avant; (dans l'espace) devant
diapositivo diapositive

diarreia: ter diarreia avoir la diarrhée
dicionário dictionnaire
dieta régime; **estar de dieta** être au régime
diferença différence
diferença horária décalage horaire
diferente (de) différent (de)
difícil difficile
diminuir diminuer
dinheiro argent; **trocar dinheiro** faire de la monnaie
dinheiro miúdo monnaie
direcção (n) direction; (d'une personne) adresse
direcção (prép) vers
directamente directement
directo direct
direita droite; **à direita (de)** à droite (de)
direito droit; **ter o direito de…** avoir le droit de …
disco disque
disco duro disque dur
discoteca discothèque, disquaire
discutir discuter (de)
disparar tirer
disquete disquette
disso de ça; **lembro-me disso** je m'en souviens
DIU stérilet
divertido amusant
divertir(-se) (s')amuser
divisa devise
divorciado divorcé
dizer dire; **querer dizer** vouloir dire; **como é que se diz…?** comment dit-on … ?
dobrado (filme) doublé
doce (n) sucrerie, pâtisserie; (compôte) confiture
doce (adj) sucré
documentos documents; (d'identité) papiers (d'identité)
doença maladie
doente malade
doer avoir mal; **dói-me a cabeça/a garganta/a barriga** j'ai mal à la tête/à la gorge/au ventre; **isso faz-me doer** ça me fait mal
doido fou
domingo dimanche
dor douleur; **dor de dentes** mal de dents; **ter dor de cabeça** avoir mal à la tête
dormir dormir; **dormir com** coucher avec; **dormir ao ar livre** dormir à la belle étoile
doutor docteur
droga drogue
duche douche; **tomar um duche** prendre une douche
duração durée
durante pendant
durar durer

E

e et
é c'est
edifício bâtiment
educado poli
eis voilà
ele (ela) il, elle; **é ele/ela** c'est lui/elle
eléctrico (n) tramway
eléctrico (adj) électrique
eles (elas) ils, elles; **são eles/elas** ce sont eux/elles
elevador ascenseur
em dans; **na estação** à la gare; **em França/2002/português** en

France/2002/portugais; **em euros** en euros
e-mail e-mail
embaixada ambassade
embarcar embarquer
embarque embarquement
embora bien que; **ir-se embora** s'en aller
embraiagem embrayage
embriagado soûl
embrulho paquet
ementa menu, carte
emissão émission
empregado(a) employé(e); (de café) serveur(euse)
emprestar prêter
empurrar pousser
encerramento fermeture
encomenda commande; (postal) colis
encomendar commander
encontrar(-se) (se) trouver, (se) rencontrer
encontro rencontre, rendez-vous ; **marcar encontro** se donner rendez-vous; **ter encontro marcado (com)** avoir rendez-vous (avec)
endereço adresse
endereço electrónico adresse électronique
enervante énervant
enervar énerver
enfermeira infirmière
enfim enfin
enganar-se se tromper
engarrafamento embouteillage
engatar draguer
engraçado drôle
enjoado: estar enjoado avoir mal au cœur
enjoar avoir mal au cœur; (en bateau) avoir le mal de mer
enquanto tandis que, pendant que
ensinar apprendre, enseigner
entalado coincé
então alors, à l'époque
entender(-se) s'entendre; **entender-se bem/mal (com alguém)** s'entendre bien/mal (avec quelqu'un)
entornar renverser
entrada entrée; **boas entradas!** bonne année !
entrar entrer
entre entre, parmi; **entre o meio dia e as duas** entre midi et 2 heures
envelope enveloppe
enviar envoyer
envio envoi
epiléptico épileptique
equipa équipe
errado faux, mauvais
erro erreur
erva herbe
ervilhas petits pois
escada escalier
escalada escalade
escola école
escolha choix
escolher choisir
escova brosse
escova de dentes brosse à dents
escrever écrire; (à la machine) taper
escuro sombre, foncé
esforço effort; **fazer um esforço** faire un effort
esgotado épuisé
Espanha Espagne
espanhol(a) espagnol(e)
especial spécial
especialidade spécialité
especiaria épice
espectacular superbe

espectáculo spectacle
espelho glace
espelho retrovisor rétroviseur
esperar attendre, espérer; **estar à espera de alguém/alguma coisa** attendre quelqu'un/quelque chose; **espero que...** j'espère que ...
espinafres épinards
esplanada terrasse; **na esplanada** en terrasse
esponja éponge
esposa épouse
espuma de barbear mousse à raser
esquadra commissariat
esquecer(-se) oublier
esquentador chauffe-eau
esquerdo gauche; **à esquerda (de)** à gauche (de)
esqui ski
esqui aquático ski nautique
esquiar faire du ski
esquina coin
esse (essa) ce, cette; **esse livro** ce livre; **essa borracha** cette gomme
estação station, gare; (d'année) saison
estação de correios bureau de poste
estação rodoviária gare routière
estacionamento parking
estacionar (se) garer
estadia séjour
estádio stade
estado état; **o Estado** l'État
Estados Unidos États-Unis
estágio stage
estar être; **está bem** c'est bien; **está?** allô ?; **como está/estão?** comment allez-vous ?; **estou bem** je vais bien; **(está) tudo bem?** ça va ?; **(está) tudo bem** ça va
estátua statue
este (esta) ce (cette); **este livro** ce livre; **esta borracha** cette gomme
estilo style
estojo de toilette trousse de toilette
estômago estomac
estrada route
estragado abîmé
estragar abîmer
estrangeiro étranger; **no estrangeiro** à l'étranger
estranho étrange
estudante étudiant
estudos études
eu je; (objet) moi; **eu vou** je vais; **sou eu** c'est moi
euro euro
Eurocheque eurochèque
Europa Europe
europeu européen
evidente évident
excelente excellent
excepcional exceptionnel
excepto sauf
excesso excès; (de bagages) excédent
excursão excursion
exemplo exemple; **por exemplo** par exemple
êxito succès
experimentar essayer
explicar expliquer
exposição exposition
expressão expression
expresso: por correio expresso par exprès
exprimir-se s'exprimer
extraordinário extraordinaire

F

faca couteau
face visage; (superfície) surface; **face (a)** en face (de)
fácil (de) facile (à)

facto fait ; de facto en fait
factura facture
falar parler
falésia falaise
falso faux
faltar manquer
família famille
farinha farine
farmácia (de serviço) pharmacie (de garde)
farol phare
farto: estar farto (de) en avoir marre (de)
fatia tranche
fato tenue
fato de banho maillot de bain
fato de mergulho combinaison de plongée
fato de treino jogging
favor service; se fazes/faz favor s'il te/vous plaît; é favor fechar a porta prière de fermer la porte ; fazer um favor a rendre service à
fax fax
fazer faire; fazer uma pergunta poser une question; não faz mal ça ne fait rien; feito à mão fait main; faz dois anos que… ça fait 2 ans que …
febre fièvre; ter febre avoir de la fièvre
febre-dos-fenos rhume des foins
fechado fermé
fechadura serrure
fechar fermer; fechar-se s'enfermer
fecho fermeture
fecho éclair fermeture éclair®
feijão-verde haricots verts
feijões haricots
feio laid
feira foire
feliz heureux
felizmente heureusement
feriado jour férié
feriado nacional fête nationale
férias vacances; ir/estar de férias partir/être en vacances
ferida blessure
ferido blessé
ferro de engomar fer à repasser
ferrolho verrou
ferry ferry
festa fête; boas festas! joyeuses fêtes !
festejar fêter, faire la fête
festival festival
Fevereiro février
fiambre jambon
ficar rester; (se situer) être; fica-lhe bem ça vous va bien
fígado foie
fila file, queue
filho(a) fils, fille; os filhos les enfants
filme film
fim fin; no fim de à la fin de
fim-de-semana week-end
finalmente finalement
fino (n) pression (bière)
fino (adj) fin; (vêtements) léger
fita-cola Scotch®
fixe sympa
flash flash
flocos (de cereais) céréales
flor fleur
floresta forêt
fogão cuisinière
fogão de sala poêle
fogo feu
fogo de artifício feux d'artifice
folclórico folklorique
folha feuille
fome: ter fome avoir faim
fora dehors, en dehors de

formidável formidable
formiga fourmi
formulário formulaire
forno four
forte fort, solide
fósforo allumette
fotocópia photocopie
fotografia photo; **tirar uma fotografia/fotografias** prendre une/des photo(s)
fraco faible
fractura fracture
frágil fragile
fralda couche
framboesa framboise
França France
francês français
franco franc
frango poulet
frase phrase
freira religieuse
frente devant, avant; **em frente de** en face de; **sempre em frente** tout droit
fresco frais
frigorífico réfrigérateur
frio froid; **está frio** il fait froid; **ter frio** avoir froid; **apanhar frio** prendre froid
frito frit; **fritos** fritures
fronha (de almofada) taie d'oreiller
fronteira frontière
fruto fruit
fuga fuite
fumador fumeur; **não fumadores** non-fumeurs; **fumadores** (compartiment) fumeurs
fumar fumer
funcionar fonctionner, marcher
fundo profond; **no fundo de** au fond de
furado percé; (pneu) crevé
furar percer; (pneu) crever
fusível fusible
futebol football

G

gaivota mouette
gajo mec
galeria galerie
galinha poule
galo coq
ganhar gagner
garagem garage
garantia garantie
garfo fourchette
garganta gorge
garrafa bouteille
gás gaz; **água sem gás** eau plate
gasóleo diesel, gazole
gasolina essence; **gasolina sem chumbo** essence sans plomb; **gasolina super** super; **ficar sem gasolina** être en panne d'essence
gasosa limonade
gastar consommer; (argent) dépenser
gato chat
gaze gaze
geada givre, gel
gel (pour les cheveux) gel
gelado (n) glace
gelado (adj) gelé
gel de banho gel douche
gelo glace; (cube) glaçon; (sur la route) verglas
gémeo(a) jumeau(elle)
género genre; **que género de...?** quel genre de ... ?
genial génial

genro gendre
gente: toda a gente tout le monde; **muita gente** du monde
gentil gentil
gesso: estar com gesso avoir un plâtre
gilete rasoir (jetable)
ginecologista gynécologue
golfe golf
gordo gros, gras
gorjeta pourboire
gorro bonnet
gostar: gostar de aimer; **eu gostaria muito de** j'aimerais bien
gosto goût, plaisir; **com todo o gosto!** avec plaisir !; **muito gosto em conhecê-lo** enchanté de faire votre connaissance
gotas gouttes
Grã-Bretanha Grande-Bretagne
graças a grâce à
gramas grammes
gramática grammaire
grande grand
grão-de-bico pois chiches
gratuito gratuit
grau degré
gravar enregistrer
gravata cravate
grave grave
grávida enceinte
Grécia Grèce
grego grec
grelhado (n) grillade
grelhado (adj) grillé
grelhador gril
gripe grippe
grupo groupe
guarda gardien; (agent) gendarme
guarda-chuva parapluie
guardanapo serviette
guardar garder
guarda-sol parasol
guerra guerre
guia guide

H

há il y a; **há dois anos** il y a 2 ans
habitar habiter
hábito habitude; **ter o hábito (de)** avoir l'habitude (de)
habitualmente d'habitude
hambúrger hamburger
haver: há um cinema il y a un cinéma
haxixe haschich
hemorróidas hémorroïdes
hesitar hésiter
hipertensão hypertension
hipótese hypothèse
história histoire
hoje aujourd'hui; **de hoje a oito dias** d'ici 8 jours
Holanda Hollande
holandês hollandais
homem homme
homeopatia homéopathie
homossexual homosexuel
honesto honnête
hora heure; **a que horas?** à quelle heure ?; **às cinco horas** à 5 heures
horários horaires
horrível horrible
hospital hôpital
hotel hôtel
húmido humide

I

ida aller
idade âge; **que idade tens?** quel âge as-tu ?; **de idade** âgé

ideia idée
idiota idiot
igreja église
igual égal, pareil; para mim é igual ça m'est égal
ilha île
imperial demi (de bière)
impermeável imperméable
importância importance; não tem importância ce n'est pas grave
importante important
impossível impossible
impressão: ter a impressão de avoir l'impression de
impressionante impressionnant
imprimir imprimer
incêndio incendie
inchado enflé
incomodar déranger
incrível incroyable
independente indépendant
indicativo indicatif
inesquecível inoubliable
infecção infection
infelizmente malheureusement
informação information; informações renseignements (téléphoniques)
infusão tisane
Inglaterra Angleterre
inglês anglais
iniciais initiales
início début; no início au début
injecção piqûre; dar uma injecção faire une piqûre
inquietar(-se) (s')inquiéter
inscrever(-se) (s')inscrire
insecticida insecticide
insecto insecte
insolação insolation
insónia insomnie
instante instant
instrumento instrument
insulto insulte
inteiro entier
inteligente intelligent
intenção: ter a intenção de avoir l'intention de
interessante intéressant
interior intérieur; no interior à l'intérieur
internacional international
intervalo entracte
intoxicação alimentar intoxication alimentaire
Inverno hiver
iogurte yaourt
ir aller; vamos? on y va ?; ele ia caindo il a failli tomber; vou de férias je pars en vacances; ir-se embora s'en aller; ir ter com rejoindre
irmã sœur
irmão frère
irritado en colère
isqueiro briquet
isso ça, cela; isso! voilà !; é por isso que... c'est pourquoi ...; nem por isso pas tellement
isto ceci; isto é c'est-à-dire
Itália Italie
italiano italien
IVA TVA; sem IVA hors taxes

J

já tout de suite; já acabei j'ai déjà fini; já não há pão il n'y a plus de pain; já que puisque
Janeiro janvier
janela fenêtre
jantar dîner
Japão Japon

japonês japonais
jardim jardin
jardim zoológico zoo
joalharia bijouterie
joelho genou
jogar jouer
jogging jogging (sport)
jogo jeu, match
jóia bijou
jornal journal
jovem jeune
Julho juillet
Junho juin
juntos ensemble
justo juste; mesmo à justa de justesse, tout just

K

Kayak kayak
kispo® K-way®

L

lá là-bas; lá está ela la voilà; para lá de au-delà de; sei lá! je n'en sais rien; eu vou lá j'y vais
lã laine
lábio lèvre
lado côté; ao lado de à côté de; em algum lado quelque part
ladrão voleur
lago lac
lagosta langouste
lama boue
lamentar regretter; lamento je suis désolé
lâmina de barbear lame de rasoir
lâmpada ampoule
lanche goûter
lanterna de bolso lampe de poche
lápis crayon
laranja orange
lareira cheminée
largo large
lata métal; lata de conservas boîte de conserve
lavagante homard
lavandaria laverie, pressing
lavar laver; lavar a roupa laver le linge; lavar a louça faire la vaisselle
lavar-se se laver; lavar os dentes se laver les dents; lavar a cabeça se laver les cheveux
lavatório lavabo
legendado sous-titré
legume légume
leite lait
leite gordo lait entier
leite hidratante lait hydratant
leite magro lait écrémé
leite meio-gordo lait demi-écrémé
lenço mouchoir, foulard
lenço de papel Kleenex®
lençol drap
lenha bois
lentamente lentement
lente (d'appareil photo) objectif; (de lunettes) verre
lentes (de contacto) rígidas/moles lentilles (de contact) dures/souples
ler lire
leste est; a leste (de) à l'est (de)
letra lettre, écriture
levantamento (d'argent, de bagages) retrait; (de chèque) encaissement
levantar lever; (argent, bagages) retirer; (chèque) encaisser; levantar voo décoller; levantar-se se lever
levar porter, apporter; levar tempo a mettre du temps à; para levar à emporter

leve léger
lhe lui, vous
licor liqueur
ligadura bandage
ligar (lumière) allumer; (appareil) brancher; (téléphoner) appeler
limão citron
limpar nettoyer
limpeza: fazer a limpeza faire le ménage
limpo propre
língua langue
linha ligne; **linha de autocarro/ metro** ligne de bus/métro
linha férrea voie ferrée
líquido para a louça liquide vaisselle
lista (menu) carte
lista telefónica annuaire
litro litre
livraria librairie
livre libre
livro livre; **livro de cheques** carnet de chèques
lixo ordures; **pôr no lixo** mettre à la poubelle
logo tout de suite, tout à l'heure; **até logo!** à tout à l'heure !
loja magasin, boutique; **loja de comida já preparada** traiteur; **loja de discos** disquaire
longe loin
lua lune
lua de mel lune de miel
lugar place, endroit; **ter lugar** avoir lieu; **já não há lugar** il n'y a plus de place
lugar de estacionamento place de parking
lume feu; **tens lume?** tu as du feu ?
luva gant
luva de banho gant de toilette
Luxemburgo Luxembourg
luxemburguês luxembourgeois
luxo luxe; **de luxo** de luxe
luz lumière, électricité

M

maçã pomme
madeira bois
madrasta belle-mère
maduro mûr
mãe mère
magnífico magnifique
magro maigre; (lait) écrémé
Maio mai
maionese mayonnaise
mais plus; **não há mais...** il n'y a plus de ...; **mais... do que** plus ... que; **até mais logo!** à plus tard !; **mais alguma coisa?** vous désirez autre chose ?
mal mal; (réponse) faux; **cheirar mal** sentir mauvais; **saber bem/mal** avoir bon/mauvais goût; **nada mal** pas mal
mala valise, sac; **fazer as malas** faire ses valises
mala do carro coffre
malcriado malpoli
mal-entendido malentendu
malga bol
mancha tache
mandar envoyer; **mandar passar a roupa** faire repasser le linge; **mandar vir** commander
maneira manière; **de qualquer maneira** de toute manière
manga manche; (fruit) mangue
manhã matin, matinée
manteiga beurre

mão main; **apertar a mão** serrer la main
mapa carte; **mapa das estradas** carte routière
máquina machine
máquina de barbear rasoir électrique
máquina de bebidas distributeur de boissons
máquina de filmar caméra
máquina de lavar machine à laver, lave-vaisselle
máquina de secar sèche-linge
máquina fotográfica appareil photo
mar mer; **o mar Mediterrâneo** la mer Méditerranée
maravilhoso merveilleux
marcha marche; **marcha à frente/atrás** marche avant/arrière
Março mars
marco do correio boîte aux lettres
maré: maré baixa/alta marée basse/haute
marido mari
marisco fruits de mer
mas mais
massa pâte, pâtes
matar tuer
material matériel, matériau
mau mauvais, méchant; **está mau tempo** il fait mauvais
máximo maximum
me (direct) me; (indirect) moi, me; **dá-me** donne-moi; **eu chamo-me** je m'appelle
medicamento médicament
médico médecin; **médico de clínica geral** généraliste
médio moyen; **duração média** durée moyenne
medo peur; **ter medo (de)** avoir peur (de)
meia-noite minuit
meia-pensão demi-pension
meias chaussettes, collants, bas
meio demi, moyen; **meio litro/quilo** demi-litre/-kilo; **meia hora** demi-heure; **uma hora e meia** une heure et demie; **meia volta** demi-tour; **no meio de** entre, parmi
meio-dia midi
mel miel
melancia pastèque
melão melon d'Espagne
melga moustique
melhor (adj) meilleur; **tanto melhor!** tant mieux !
melhor (adv) mieux
meloa melon
membro membre
menos moins; **a menos** en/de moins; **o menos** le moins; **todos menos ele** tous sauf lui; **pelo menos** au moins; **menos do que** moins que; **menos um quarto** (heure) moins le quart
mensagem message, mot
menstruação règles
mentir mentir
menu menu, carte
mercado marché
mercadoria marchandise
mercearia épicerie
mergulho: dar um mergulho plonger; **praticar mergulho** faire de la plongée
mês mois
mesa table
mesmo même; **mesmo eles** même eux; **mesmo se** même si; **eu/ele mesmo** moi-/lui-même
mesquita mosquée
metade moitié
metro mètre; (transport) métro

meu mon, ma; **é o meu/a minha** c'est le mien/la mienne; **o meu amigo** mon ami
meus mes; **são os meus** ce sont les miens; **os meus amigos** mes amis
mexilhões moules
micro-ondas micro-ondes
milho maïs
mim moi, me; **ele não olha para mim** il ne me regarde pas; **para mim, um café** pour moi, ce sera un café
mineral minéral
minha voir **meu**
minhas voir **meus**
mínimo minimum
minuto minute
miradouro belvédère
missa messe
misturar mélanger
mochila sac à dos
moda mode; **na moda** à la mode
moderno moderne, à la mode
modo manière; **de qualquer modo** de toute façon
módulo de bilhetes carnet de tickets
moeda monnaie, pièce
molhado mouillé
molho sauce
momento momento; **de momento** pour le momento; **nesse momento** à ce moment-là; **neste momento** en ce moment
monoesqui monoski
montanha montagne
montra: na montra en vitrine
monumento monument
morada adresse
morango fraise
morno tiède
morrer mourir
mortalhas papier à cigarette
morto mort
mosca mouche
mostarda moutarde
mosteiro monastère
mostrar montrer
mota moto
motocicleta mobylette®
motor moteur
motorista chauffeur, conducteur
muçulmano musulman
mudança changement
mudar changer; **mudar de roupa** se changer
mudo muet
muito(a) beaucoup de; **estou muito contente** je suis très content(e); **muitas vezes** souvent; **muito mais** beaucoup plus; **muito tempo** longtemps
mulher femme
multa amende
mundo monde
muralhas remparts
muro mur
músculo muscle
museu musée

N

nacionalidade nationalité
nada rien; **de nada** de rien
nadador nageur
nadador salvador maître-nageur
nadar nager
nádegas fesses
namorado(a) petit ami, petite amie
não non; **não sei** je ne sais pas; **não é?** n'est-ce pas ?; **pelo sim, pelo não** au cas où
nariz nez

nascer naître; **nasci a.../em...** je suis né le .../en ...; **nascido a.../em...** né le .../à ...
natação natation
Natal Noël; **feliz Natal!** joyeux Noël !
natas crème fraîche
natureza nature
necessário nécessaire
negativo négatif
negócios affaires; **de negócios** pour affaires
nem non plus; **nem eu** moi non plus; **nem... nem...** ni ... ni ...
nenhum(a) aucun(e); **não faço ideia nenhuma** aucune idée; **em lado nenhum** nulle part
nervoso nerveux
Nescafé Nescafé®
nevar neiger
neve neige
nevoeiro brouillard
ninguém personne; **não está ninguém** il n'y a personne
nódoa tache; **nódoa negra** bleu (sur la peau)
noite soir, nuit; **à noite** le soir; **durante a noite** dans la soirée; **esta noite** ce soir; **boa noite!** bonsoir ! ; (avant de se coucher) bonne nuit !
noivo(a) fiancé(e)
nome nom
nome completo nom et prénom
nome de baptismo prénom
nome de família nom (de famille)
nome de solteira nom de jeune fille
normal normal
norte nord; **no norte (de)** au nord (de)
nos: (prép) **nos anos 30** dans les années 30
nos (pronom) nous, les
nós nous
nosso(a) notre; **é o nosso/a nossa** c'est le/la nôtre; **o nosso amigo** notre ami
nossos(as) nos; **são os nossos/ as nossas** ce sont les nôtres; **os nossos amigos** nos amis
nota note; (argent) billet
notícias nouvelles
noutro: noutro sítio ailleurs
novela nouvelle
Novembro novembre
novo jeune, nouveau; **de novo** à nouveau; **Ano Novo** nouvel an
noz noix
nu nu
número numéro, nombre ; (de chaussures) pointure ; (de vêtements) taille
número de telefone numéro de téléphone
nunca jamais; **nunca mais** plus jamais
nuvem nuage

O

o(s) (article) le, les; **o pé** le pied ; **os aluno** les élèves; **o João** João ; **o que é que...?** qu'est-ce que/ qui... ? ; **o quê?** quoi ?
o(s) (pronom) le, les; **eu vi-os** je les ai vus; **o que vi** celui que j'ai vu
objectiva objectif
obra œuvre; **obras** travaux
obrigado merci; **muito obrigado** merci beaucoup
ocasião occasion
oceano océan; **oceano Atlântico** l'océan Atlantique
oculista opticien
óculos lunettes

óculos de sol lunettes de soleil
ocupado occupé
ocupar occuper; **ocupar-se de** s'occuper de
oeste ouest; **a oeste (de)** à l'ouest (de)
ofendido vexé
oferecer offrir
oficina garage
ok ok
olá! salut !
óleo huile
olhar regarder; **olha!** tiens !
olho œil
ombro épaule
onda vague (n)
onde où; **onde está...?** où est ... ?; **onde vais?** où (vas-tu) ?; **de onde vens?** d'où (viens-tu) ?
ontem hier; **ontem à noite** hier soir
ópera opéra
operado: ser operado se faire opérer
orelha oreille
organizar organiser
orgulhoso (de) fier (de)
origem origine; **ser de origem...** être d'origine ...
original original, originel
orquestra orchestre
osso os
ostra huître
ou ou
ouro or; **de/em ouro** en or
Outono automne
outro(a) un(e) autre; **o outro** l'autre; **no outro dia** le lendemain; **um após outro** l'un après l'autre
Outubro octobre
ouvido oreille
ouvir entendre; **estar a ouvir** écouter
ovo œuf
ovo cozido œuf dur
ovo escalfado oeuf poché
ovo estrelado œuf sur le plat
ovo quente œuf à la coque
ovos mexidos œufs brouillés

P

paciente patient
padaria boulangerie
padre prêtre, curé
pagar payer; **pagar a pronto** payer comptant; **pagar em dinheiro** payer en liquide/en espèces ; **a pagar** payant
página page
pai père
pais parents
país pays
paisagem paysage
Países Baixos Pays-Bas
palácio palais, château
palavra mot, parole
palavrão gros mot
pálido pâle
pano tissu, torchon
pão pain
pão de centeio pain de seigle
pão de forma pain de mie
pão integral pain complet
pão ralado chapelure
papel papier
papelaria papeterie
papel de alumínio papier alu
papel de embrulho papier-cadeau
papel higiénico papier-toilette
para pour; **para que** pour que; **para com** envers; **para mais de** plus de
parabéns! félicitations !; **dar os parabéns** féliciter
pára-brisas pare-brise

pára-choques pare-chocs
paragem arrêt
paragem de autocarro arrêt de bus
parar (s')arrêter; **sem parar** sans arrêt
parecer ressembler; **parece que...** il paraît que ...; **o que te parece?** qu'en penses-tu ?; **parecer(-se com)** ressembler à
parque parc
parque de diversões parc d'attractions
parque de estacionamento parking
parque de merendas aire de repos
parque de viaturas rebocadas fourrière
parte partie, part ; **noutra parte** ailleurs ; **por/em toda a parte** partout ; **em parte** en partie ; **fazer parte de** faire partie de ; **a maior parte (de)** la plupart (de)
participação participation ; (de perte, vol) déclaration
partida départ; (jeu) partie
partido cassé
partilhar partager
partir partir; (briser) (se) casser ; **a partir de** à partir de
parvo bête
Páscoa Pâques; **boa Páscoa!** joyeuses Pâques !
passado passé; **no ano passado** l'an dernier; **mal/bem passado** saignant/bien cuit
passageiro passager
passagem: estar de passagem être de passage
passaporte passeport
passar passer; **passar a ferro** repasser; **passei por volta das 6h** je suis passé vers 6h; **passar a apanhar alguém** passer prendre quelqu'un
pássaro oiseau
passear (se) promener; **ir passear** aller se promener
passeio promenade, trottoir, randonnée
pasta de dentes dentifrice
pastel gâteau; **pastel de bacalhau** croquette de morue; **pastel de carne** chausson à la viande
pastelaria pâtisserie
pastilha elástica chewing-gum
paté pâté
pato canard
patrão patron
paz paix; **deixa-me em paz!** laisse-moi tranquille !
pé pied; **a pé** à pied; **(mesmo) ao pé de** (tout) près de
peão piéton; **rua só para peões** rue piétonne
peça pièce
peça de teatro pièce de théâtre
pedaço: um pedaço de un morceau de
pedir demander; (au restaurant) commander; **pedir emprestado(a)** emprunter
pedra pierre
peito poitrine
peixaria poissonnerie
peixe poisson
pelar peler
pele peau, cuir
pêlo poil
pena peine; **vale a pena** ça vaut la peine; **que pena!** quel dommage !
pensão pension
pensão completa pension complète
pensar penser; **pensar em** penser à
penso pansement, sparadrap
penso higiénico serviette hygiénique
pente peigne
pepino concombre

pequeno petit
pequeno-almoço petit déjeuner
pêra poire
perder perdre; (bus, train) rater; perder-se se perdre; estar perdido être perdu; perder tempo perdre du temps
perfeito parfait
perfume parfum
perguntar demander
perigoso dangereux
período période; estar com o período avoir ses règles
permitir permettre
perna jambe
perto (tout) près; (dans le temps) vers
peru dindon
pesado lourd
pescar pêcher
pescoço cou
pêssego pêche
pessoa personne; as pessoas les gens
pessoalmente personnellement
piada blague
picar piquer; ser picado(a) por se faire piquer (par)
pijama pyjama
pilha pile
pílula pilule; tomar a pílula prendre la pilule
pílula do dia seguinte pilule du lendemain
pimenta poivre
pimento poivron
pinça pince
pior pire; é pior (que) c'est pire (que)
piquenique pique-nique; fazer um piquenique pique-niquer
piripiri piment
pisca-pisca clignotant
piscina piscine
pista piste; pista para ciclistas piste cyclable
placa panneau
placa eléctrica plaque électrique
plano (n) plan
plano (adj) plat
planta plante, plan
plástico plastique
pneu pneu
pó poussière, poudre
pobre pauvre
poder pouvoir; posso fumar? je peux fumer ?
pois car, alors
polícia police; (agent) policier
poluição pollution
pomada pommade
ponte pont
ponto point; três horas em ponto 3 heures pile; no ponto à point
por par, à cause de; por que? pourquoi ? ; por dia/hora par jour/heure
pôr mettre, poser
porco cochon; (viande) porc
porque parce que, car; porque...? pourquoi ... ?; porque não? pourquoi pas ?
porquê pourquoi
porreiro super
porta porte, portière
porta-bagagens coffre
portagem péage
porta-moedas porte-monnaie
portátil portable
porteiro gardien; (d'hôtel) portier
porto port
Portugal Portugal
português portugais

possível possible
postal ilustrado carte postale
posta-restante poste restante
posto poste
posto de turismo office de tourisme
potável potable; **não potável** non potable
pouco peu (de); **um pouco (de)** un peu (de)
pousada auberge
pousada de juventude auberge de jeunesse
povo peuple
praia plage
prancha planche
prancha à vela planche à voile
prancha de surf planche de surf
prata argent
praticar pratiquer; **praticar vela** faire de la voile
prático pratique
prato assiette, plat
prato do dia plat du jour
prato principal plat de résistance
prazer plaisir ; **muito prazer!** enchanté !
precedente précédent
precisar préciser ; **precisar de** avoir besoin de
preciso: é preciso… il faut que …
preço prix
prédio immeuble
preencher remplir
preferido préféré
preferir préférer
prémio prix
prenda cadeau
preocupação souci
preparar préparer
preservado préservé
preservativo préservatif
pressa: estar com pressa être pressé
pressão pression
prestar donner, faire attention
prestes: estar prestes a être sur le point de
presunto jambon cru
preto noir ; **preto e branco** noir et blanc
prevenir prévenir
prever prévoir
previsões meteorológicas prévisions météo
Primavera printemps
primeiro (adj) premier
primeiro (adv) d'abord
primo(a) cousin(e)
principal principal
principiante débutant
privado privé
problema problème
procissão procession
procurar chercher; **procurar fazer…** s'efforcer de faire …
produto produit
professor(a) professeur
profissão profession
profundo profond
programa programme; (de rádio, télévision) émission
progressos: fazer progressos faire des progrès
proibido interdit
prometer promettre
promoção promotion
pronto prêt; **pronto!** ça y est ! ; **estar pronto** être prêt; **estar pronto a** être prêt à
pronúncia accent
pronunciar prononcer
propor proposer
propósito propos ; **de propósito** exprès
proprietário propriétaire

proteger proteger; **proteger-se** se protéger
protestante protestant
provar (fait) prouver; (aliment) goûter; (vêtement) essayer
provavelmente probablement
próximo proche; (suivant) prochain; **até à próxima!** à la prochaine !
prudente prudent
publicidade publicité
público public
pulmão poumon
pulôver pull
pulseira bracelet
pulso poignet; **medir o pulso** prendre le pouls
puxar tirer ; **puxar de algo** sortir quelque chose

Q

quadro tableau
quais quels, quelles ; (como) comme; **os/as quais** lesquels/lesquelles
qual quel, quelle ; (como) comme ; **o/a qual** lequel/laquelle
qualidade qualité
quando quand
quanto combien (de); **uns quantos** quelques(-uns) ; **quanto mais/menos** plus/moins; **quanto a** quant à ; **o quanto antes** dès que possible ; **quanto é que custa?** combien ça coûte ? ; **há quanto tempo...?** depuis combien de temps ... ?
quarta-feira mercredi
quarto chambre; **quarto das visitas** chambre d'hôtes ; **um quarto de hora** un quart d'heure
quase presque
que que; **o que é que estão a fazer?** que faites-vous ?; **o que é que...?** qu'est-ce que ... ?; **mais pequeno (do) que** plus petit que; **penso que** je pense que
quê: não tem de quê il n'y a pas de quoi
queijo fromage
queimadura brûlure
queimadura solar coup de soleil
queimar brûler; (au soleil) bronzer ; **queimar-se** se brûler ; (au soleil) se bronzer
queixar-se (se) plaindre
queixo menton
quem qui ; **quem é?** qui est-ce ?
quente chaud
querer vouloir ; **sem querer** sans le faire exprès ; **querer dizer** vouloir dire ; **eu queria...** je voudrais...
quilómetro kilomètre
quinta ferme
quinta-feira jeudi
quiosque de jornais kiosque à journaux

R

radiador radiateur
rádio radio
radiografia radio
râguebi rugby
rainha reine
raio rayon; **raios X** rayons X
rapariga fille
rapaz garçon
rápido rapide
raquete raquette
raramente rarement
raro rare
rato souris
reabrir rouvrir
realidade: na realidade en réalité
reboque: (serviço de) reboque (service de) dépannage
rebuçado bonbon

recarregar recharger
receber recevoir
receita recette; (médical) ordonnance
recente récent
recepção accueil; na recepção à la réception
recepcionista réceptionniste
recibo reçu
recolha récolte; (de courrier) levée ; (de passagers) ramassage
recomendar recommander
reconhecer reconnaître
recordação souvenir; como recordação en souvenir de
recordar-se se souvenir
recusar refuser
redução réduction
reembolsar rembourser ; ser reembolsado se faire rembourser
refeição repas
reflectir refléter; (penser) réfléchir
reforma réforme
reformado retraité
refúgio refuge
região région
registado enregistré ; (courrier) (en) recommandé
registar enregistrer ; (courrier) envoyer en recommandé
regressar rentrer, revenir
regresso retour; estar de regresso être de retour
rei roi
Reino Unido Royaume-Uni
religião religion
relógio horloge, pendule, montre
remetente expéditeur(trice)
renda loyer
reparar réparer ; reparar em remarquer ; mandar reparar faire réparer
repatriar rapatrier
repetir répéter
rés-do-chão rez-de-chaussée
reservado réservé
reservar réserver
responder répondre
resposta réponse
ressaca gueule de bois
ressonar ronfler
restaurante restaurant
resto reste; os restos les restes
retrato portrait, photo
reumatismo rhumatisme
reunião réunion
revelar révéler ; mandar revelar (photos) faire développer
revista revue, magazine
rico riche
rim rein
rio fleuve, rivière
rir rire
risco risque
robe robe de chambre
rochedo rocher
roda roue; andar à roda tourner ; roda da frente roue avant
rodada: é a minha rodada c'est ma tournée
rolha bouchon
rolo pellicule
rosa rose
rosto visage
rotunda rond-point
roubar voler
roubo vol
roupa vêtement
roupa interior sous-vêtements
roupa suja linge sale
rua rue
ruínas ruines
ruivo roux
rum rhum

S

sábado samedi
sabão savon
saber savoir ; **saber a** avoir un goût de ; **saber bem/mal** avoir bon/ mauvais goût
saca-rolhas tire-bouchon
saco sac
saco-cama sac de couchage
saco de água quente bouillotte
saco do lixo sac poubelle
saia jupe
saída sortie, départ
saída de emergência sortie de secours
sair sortir; **sair com alguém** sortir avec quelqu'un
sal sel
sala salon, salle; **sala de cinema** salle de cinéma
salada salade
saldos soldes
salgado salé
salmão saumon
salpicão saucisson
salsicha saucisse
salvaguardar sauvegarder
sandálias sandales
sandes sandwich
sangrar saigner
sangue sang
sanitários W-C
santinho(a)! à tes/vos souhaits !
sapatilhas tennis, baskets
sapatos chaussures; **sapatos altos** chaussures à talons
saquinho sachet (de thé)
sardinha sardinha
saúde santé; **estar de boa saúde** être en bonne santé; **saúde!** santé !
scooter scooter
se (pronom) se, vous; **diz-se que** on dit que
se (adv) si; **se bem que** bien que
sé cathédrale
seca sécheresse
secador de cabelo sèche-cheveux
secar sécher; **pôr a secar** faire sécher
secção rayon
seco sec
secretário(a) secrétaire
século siècle ; **no século XIX** au XIXe siècle
seda soie
sede: ter sede avoir soif
segredo secret
seguida: em seguida ensuite
seguinte suivant
seguir suivre
segunda-feira lundi
segundo (n) seconde
segundo (adj) seconde, deuxième
segundo (adv) deuxièmement
segurança sécurité, assurance
segurar tenir, retenir
seguro (n) assurance
seguro (adj) sûr
seguro contra todos os riscos assurance tous risques
seio sein
selo timbre
selvagem sauvage
sem sans
semáforo feu rouge
semana semaine; **durante a semana** en semaine; **toda a semana** toute la semaine
sempre toujours; **sempre que** chaque fois que
senão sinon
Senhor Monsieur
Senhora Madame, Mademoiselle
sensato sage
sensível sensible
sentar-se s'asseoir

sentido (n) sens; ter sentido de humor avoir le sens de l'humour
sentido (adj) vexé, blessé
sentir-se se sentir; sentir-se bem/mal se sentir bien/mal
separadamente séparément
separar(-se) (se) séparer
ser être ; a não ser que à moins que; que foi? qu'y a-t-il ?; ou seja c'est-à-dire; será que...? est-ce que ... ? ; é tarde il est tard; sou português je suis portugais
sério sérieux
serviço: fora de serviço hors service
servir servir; servir para servir à ; servir-se de se servir de
sesta sieste; dormir a sesta faire la sieste
seta flèche
Setembro septembre
seu son, sa, leur, votre; é o seu c'est le sien, c'est le leur, c'est le vôtre
seus ses, leurs, vos; são os seus ce sont les siens, ce sont les leurs, ce sont les vôtres
sexo sexe
sexta-feira vendredi
sida sida
sidra cidre
significar signifier
silêncio silence
sim oui
simpático sympathique
simples simple
sinagoga synagogue
síncope syncope
site de Internet site Internet
situação situation
só (adj) seul; é só dizer il suffit de le dire
só (adv) seulement
sobre sur, au-dessus de
sobremesa dessert
sociedade société
socorro secours; socorro! au secours ! ; pedir socorro appeler au secours
sofrer souffrir
sol soleil; ao sol au soleil
soletrar épeler
solteiro célibataire
som son (n)
sombra ombre; à sombra à l'ombre
sonhar rêver
sonho rêve
sonífero somnifère
sono sommeil; ter sono avoir sommeil
sopa soupe
sorrir sourire
sorte: ter sorte avoir de la chance ; boa sorte! bonne chance !
sotaque accent
soutien soutien-gorge
stand stand
sua voir seu
suas voir seus
subúrbios banlieue
sujar(-se) (se) salir
sujo sale
sul sud; a sul (de) au sud (de)
sumo jus
supermercado supermarché
suplementar supplémentaire
suplemento supplément
suportar supporter
supositório suppositoire
surdo sourd
surf surf
surfar surfer
surpresa surprise

T

tabacaria bureau de tabac
tabaco tabac
tacho casserole
talher couvert

talho boucherie
talvez peut-être
tamanho taille
também aussi; **eu também não** moi non plus
tampão tampon
tapete tapis
tarde (n) après-midi, soir; **boa tarde!** (le jour) bonjour ! ; (le soir) bonsoir !
tarde (adj) tard
tarifa tarif
tarifa normal plein tarif
tarifa reduzida tarif réduit
tarte tarte
taxa taxe, taux
taxa de aeroporto taxe d'aéroport
taxa de câmbio taux de change
táxi taxi
te te, toi
teatro théâtre
tecido tissu
teleférico téléphérique, remontée mécanique
telefonar téléphoner (à)
telefone téléphone; **quem está ao telefone?** qui est à l'appareil ?
telefonema coup de de téléphone
telefonista standardiste
telemóvel téléphone portable
televisão télévision
temperatura température ; **medir a temperatura** prendre sa température
tempestade tempête
templo temple
tempo temps ; **a tempo** à temps ; **de tempos a tempos** de temps en temps ; **ter tempo para** avoir le temps de
temporário temporaire
tenda tente
tensão tension
tensão alta hypertension
tensão baixa hypotension
tenso tendu
tentar tenter, essayer; **tentar fazer algo** essayer de faire quelque chose
ter avoir; (obligation) devoir
terça-feira mardi
terminal terminal
termo thermos®
termómetro thermomètre
terra terre; **a Terra** la Terre
tesoura ciseaux
testa front
teste de alcoolemia Alcotest®
teu ton, ta; **é o/a teu/a tua** c'est le tien/ la tienne
teus tes; **são os teus** ce sont les tiens
ticket ticket
tímido timide
típico typique
tipo type
tirar enlever
toalha serviette, nappe
tocar jouer; (objet) toucher; (téléphone) sonner
todo(a) tout (toute); **toda a gente** tout le monde; **todo o dia** toute la journée ; **ao todo** (prix) tout compris
todos(as) tous (toutes)
tom ton (n)
tomada prise
tomar prendre; **toma!** tiens !
tomate tomate
toranja pamplemousse
torcer tordre; **torcer o pé** se fouler la cheville
tornar-se devenir
torneira robinet
torneira de segurança robinet d'arrêt
tornozelo cheville
tosse toux; **estar com tosse** avoir de la toux

tossir tousser
trabalhar travailler
trabalho travail
tradição tradition
tradicional traditionnel
traduzir traduire
tranquilo tranquille
transferência virement
transpirar transpirer
travão frein
travão de mão frein à main
travar freiner
traveller's check Traveller's Cheque®
trazer amener, apporter
triste triste
trocar échanger; **trocar de** changer de
troco monnaie; **dar o troco** rendre la monnaie; **a troco de** en échange de
trovoada orage
T-shirt T-shirt
tu toi; (sujet) tu ; **tu vais** tu vas ; **és tu** c'est toi
tua voir **teu**
tuas voir **teus**
tubo de escape pot d'échappement
tudo tout
tupperware tupperware®
turista touriste
turístico touristique

U

último dernier; **no último ano** l'année dernière
um(a) un, une
unha ongle
União Europeia Union européenne
urgência urgence; **em caso de urgência** en cas d'urgence; **telefonar para as urgências** appeler les urgences
urgente urgent
usado utilisé, usé
útil utile
utilizar utiliser
uva raisin
uvas secas raisins secs

V

vaca vache; (viande) bœuf
vacinado: estar vacinado contra être vacciné contre
vaivém navette
vale vallée
vale postal mandat postal
valer valoir, être valable pour ; **vale mais...** il vaut mieux ...
validade validité
válido (para) valable (pour)
vários(as) plusieurs
vazio vide; (pneu) dégonflé
vegetariano végétarien
vela bougie; (de bateau) voile
velho(a) vieux (vieille)
velocidade vitesse; **a grande velocidade** à toute vitesse ; **caixa de velocidades** boîte de vitesses
vendedor vendeur; **vendedor de jornais** marchand de journaux
vender vendre
vento vent
ventoinha ventilateur
ventre: prisão de ventre constipation
ver voir, regarder; **a meu ver** à mon avis
Verão été
verdade vérité; **é verdade** c'est vrai
verde vert
verificar vérifier
vermelho rouge
versão: em versão original en version originale
vespa guêpe
vestiário vestiaire
vestido robe

vestir habiller, porter; **vestir-se** s'habiller
veterinário vétérinaire
vez fois, tour; **às vezes** parfois; **é a tua vez** c'est ton tour; **em vez de** au lieu de
viagem voyage; **boa viagem!** bon voyage !
viagem de negócios voyage d'affaires
viagem de núpcias voyage de noces
viagem organizada voyage organisé
viajar voyager
vida vie
vídeo vidéo
vidro vitre
vieira coquille Saint-Jacques
vigiar surveiller
vinagre vinaigre
vinagreta vinaigrette
vinho vin; **vinho branco/tinto/rosé** vin blanc/rouge/rosé
violação viol
violeta violet
vir venir, arriver; **venho de Paris** je viens de Paris; **a semana que vem** la semaine prochaine; **vir a ser** devenir
virar renverser, tourner; **vire à esquerda** tournez à gauche
visita visite
visita guiada visite guidée
visitar visiter, rendre visite à
vista vue, oeil; **até à vista!** au revoir ! ; **vista para o mar** vue sur mer
visto visa
vitela veau
vitrais vitraux
viúvo(a) veuf (veuve)
vivenda maison
viver vivre
vizinho voisin
voar voler
vocês vous
vogal voyelle
voleibol volley(-ball)
volta tour; **estar de volta** être de retour; **dar uma volta** faire un tour; **à volta de** à peu près
voltar retourner, tourner
vomitar vomir
vontade: ter vontade de avoir envie de
voo vol
vosso(a) votre; **é o vosso/a vossa** c'est le/la vôtre; **o vosso amigo** votre ami
vossos(as) vos; **são os vossos/as vossas** ce sont les vôtres; **os vossos amigos** vos amis
votos: votos de boas festas! meilleurs vœux ! ; **fazer votos que** souhaiter que
voz voix; **em voz alta/baixa** à voix haute/basse

W

walkman® Walkman®
WC W-C
whisky whisky

X

xadrez échecs
xarope sirop

Z

zangado fâché
zaragata bagarre
zero zéro
zoom zoom

FÊTES ET JOURS FÉRIÉS

Jours fériés

Les jours fériés s'appellent **Feriados** et les jours ouvrables **dias úteis**. Ces jours-là, les administrations, les banques et la majorité des commerces sont fermés. Voici une liste des jours fériés officiels au Portugal :

1er janvier :	**Ano Novo** Nouvel An
février :	**Carnaval** mardi gras
mars ou avril :	**Sexta-Feira Santa** Vendredi saint
25 avril :	célébration de la révolution de 1974 ("Révolution des œillets")
1er mai :	**Dia do Trabalhador** Fête du travail
mai ou juin :	**Corpo de Cristo** Fête-Dieu
10 juin :	**Dia de Portugal, de Camões e das Comunidades** Fête Nationale, de Camoens et des Communautés
15 août :	**Dia da Assunção** Assomption
5 octobre :	**Implantação da República** Fête de la République
1er novembre :	**Dia de Todos os Santos** Toussaint
1er décembre :	**Restauração da Independência de Portugal** Restauration de l'indépendance (1640)
8 décembre :	**Imaculada Conceição** Immaculée Conception
25 décembre :	**Natal** Noël

Fêtes et manifestations annuelles

Le printemps et l'automne sont les meilleures saisons pour bien apprécier la culture locale. Les Portugais étant très attachés à leurs traditions, les fêtes religieuses célébrées en l'honneur des saints patrons (**Romarias**) sont sans doute les plus importantes. Voici quelques fêtes et événements locaux :

janvier : fête des **rapazes** (garçons) à Bragança (première semaine)

Épiphanie : on la célèbre en mangeant la galette des rois (gâteau aux fruits confits)

février : **Fantasporto**, grand festival cinématographique de science-fiction, à Porto (deuxième semaine)

fêtes du Carnaval très populaires à Ovar et Torres Vedras avec défilés de chars

mars ou avril : Semaine sainte : processions et cérémonies religieuses à Braga

dimanche de Pâques : pèlerinage à Nossa Senhora da Piedade et à Loulé en Algarve

mi-avril : **FIAPE**, foire internationale (agriculture, bétail et artisanat) à Estremoz

mai : fête des **cruzes** à Barcelos (Minho)

fête des fleurs, à Madère

grand pèlerinage à Fátima avec procession des cierges et messe internationale

queima das fitas à Coimbra célébrant la fin de l'année scolaire à l'université

pèlerinage du **Bom Jesus**, à Braga (Pentecôtes)

juin : fête de **São Gonçalo** à Amarante (premier week-end)

foire nationale de l'agriculture à Santarém

du 12 au 19 juin :	fêtes des saints populaires à Lisbonne, avec les **marchas** de Saint Antoine
le 23 et 24 juin :	fête de **São João** (St Jean) à Porto, à Braga ainsi qu'à Vila do Conde où est organisé un défilé de dentellières
le 28 et 29 juin :	fête de **São Pedro** (St Pierre) à Sintra, Évora, Vila Real et Póvoa de Varzim
juillet :	fête des **Tabuleiros** (tabliers) à Tomar (première semaine, tous les 4 ans)
	fête du **colete encarnado** (gilet rouge) à VilaFranca de Xira
	fête de la Ria avec concours de proues décorées de **moliceiros**, à Aveiro
août :	fête des **Gualterianas** à Guimarães (premier week- end)
	fête de la **Senhora da Boa Viagem** à Peniche (premier week-end)
	fête de **Nossa Senhora da Agonia** à Viana do Castelo (troisième semaine d'août)
septembre :	pèlerinage de **Nossa Senhora dos Remédios** à Lamego (le 8)
	fête des vendanges à Palmela (première semaine)
	pèlerinage à **Nossa Senhora do Nazo** à Miranda do Douro (le 8)
	fête de **Nossa Senhora da Nazaré** (à partir du 8)
	fêtes de **São Mateus** à Elvas et Viseu (le 21)
octobre :	du 4 au 12 : foire d'artisanat à Vila Franca de Xira, avec lâchers de taureaux et corridas
	festival de gastronomie, d'artisanat et de folklore à Santarém
	dernier grand pèlerinage à Fátima le 12 et le 13
novembre :	foire nationale du cheval et fête de **São Martinho** (St Martin) à Golegã (première quinzaine)

ADRESSES ET NUMÉROS UTILES

EN FRANCE :

Office de tourisme du Portugal (ICEP)

135, boulevard Haussman, 75008 Paris

Tél. 01 56 88 30 80 - 08 11 65 38 38 Fax : 01 56 88 30 89

Site internet : www.visitportugal.com

EN BELGIQUE :

Office du Commerce et du Tourisme du Portugal
rue Blanche/Blanchestraat 15
1050 Bruxelles
Tél. 02 230 96 25
E-mail : icep.bruxelles@iapmei.icep.pt

EN SUISSE :

Office de l'Investissement, du Commerce et du Tourisme du Portugal
Badenerstrasse, 15, Zurich
Tél. 41 1 241 00 01
E-mail : info@visitportugal.com

AU PORTUGAL :

Bureau de renseignements de l'ICEP (Investimentos, Comércio e Turismo)
Praça dos Restauradores, Lisbonne
Tél. 213 46 33 14
Site Internet : www.atl-turismolisboa.pt

Direcção Geral de Turismo
Av. António Augusto de Aguiar, 86, Lisbonne
Tél. 213 58 64 00 / 800 296 296

Turismo de Portugal
Rua Ivore Silva, Lote 6
1050-124 Lisboa

Tél. : 211 140 200
Fax : 211 140 830
E-mail : info@turismodeportugal.pt

Ambassade de France
Rua de Santos-o-Velho, nº 5, 1249-079 Lisbonne
Tél. 213 93 91 00
Fax : 213 93 9151
E-mail : presse.lisbonne-anba@diplomatie.gouv.fr
Site Internet : www.ambafrance-pt.org

Consulat de France
Avenida de Boavista, n° 1681-2°
4100-132 Porto
Tél. : 226 078 220
Fax : 226 078 221
E-mail : cgf.porto@mail.telepac.pt
Site Internet : www.consulfrance-porto.org

Ambassade de Belgique
Coração de Jesus, Praça Marquês de Pombal, 14, 6º, 1269-024 Lisbonne
Tél. 21 317 05 10
Fax : 21 356 15 56
E-mail : lisboa@diplobel.fed.be
Site Internet : www.diplomatie.be/lisboa

Ambassade de Suisse
Traverssa de jardin n° 17
1350-185 Lisboa
Tél. : 213 944 090
Fax : 213 955 945
E-mail : lis.vertretung@eda.admin.ch
Site Internet : www.eda.admin.ch/lisboa

Renseignements : **118**
Police et urgences : **112**
Prévisions météorologiques : **12 150**

Crédits photographiques

© Fotolia.com : .shock - 2bloid - Abel Tumik - adriano77 - Alekss - Alena Yakusheva - Alexander Maier - Alexander Podshivalov - Alexey Klementiev - anankkml - Anatoliy Sadovskiy - Anatoly Tiplyashin - Andi.es - Andrzej Tokarsk - Andrzej Tokarski - angelo sarnacchiaro - Anna Khomulo - anyaivanova - aotearoa - apfelweile - artjazz - Asparuh Stoyanov - austinadams - babimu - badahos - Beata Wojciechowska - Beboy - Bertrand Manière - Beth Van Trees - bjeayes - Brad Pict - Brian Jackson - Bruce Parrott - Carlos Moura - chiyacat - chris - Chris Elwell - Clivia - Comugnero Silvana - Constantinos - Coprid - cristi180884 - daboost - Daniel Ouellette - Dariusz T. Oczkowicz - david hughes - de_marco - Denis Pepin - dim@dim - Dmitry - Dmitry Pichugin - drx - Duncan Noakes - Durluby - dutourdumonde - Edyta Pawlowska - Elena Elisseeva - Elnur - emily2k - eovsyannikova - Eric Isselée - Erick Nguyen - ettocecco - Evgeny Karandaev - felinda - Feng Yu - fotografiecor - FotolEdhar - Franck Boston - Franck Camhi - Frans Rombout - Gabi Lungu - gemena communication - genialbaron - Gino Santa Maria - Gonçalo Carreira - GoodMood - Gordana Sermek - gudrun - gunnar3000 - Hanna Bosak - Henrik Larsson - Horikoshi,s - iaroslava - igor syrbu - igor terekhov - Ilyes Laszlo - Inna Yakusheva - Ionescu Bogdan - Iosif Szasz-Fabian - Irina Solatges - Isaiah Shook - Ivan Bliznetsov - ivan kmit - jean song - Jean-Claude Drillon - JG Swanepoel - Johnny Lye - Jonathan Lim Yong Hian - Jose Elias - joseph_hilfiger - Joss - Joy Fera - Julian Rovagnati - Julián Rovagnati - Juri Samsonov - Justina Lyn - kapp - karam miri - Karen Roach - Kathleen Melis - Kayros Studio - kontur-vid - Koufax73 - Kudrin Ruslan - lamax - Larry Malvin - Lasse Kristensen - Lebedev Valeriy - Liliia Rudchenko - Ljupco Smokovski - lucato - Maks Narodenko - Malyshchyts Viktar - Marc Dietrich - Maria Mitrofanova - Marianne Guntow - Mariano N. Ruiz - Marilyn Barbone - Marina Gorskaya - martine wagner - MartinW - mat75002 - mates - matin - matka_Wariatka - Mist - Nadezda Verbenko - nastazia - Natalya Bidyukova - Natika - Nghe Tran - Nicholas Piccillo - Nikolai Sorokin - Nikolai Tsvetkov - Nikolay Pozdeev - nito - NJ - nuttakit - objectsforal - OLEG PALCHIK - Olga Lyubkin - Olga Sapegina - Olivier Le Moal - Otto Durst - PA - PackShot - Patrice BOUCHER - Patrick Bombaert / Patrick Bombaert / Capture Création - Patrick Hermans - Paul Moore - Perytskyy - photlook - Alexander Yakovlev - Serghei Platonov - Pixelwolf - Pixlmaker - Rafa Irusta - Rafa Irusta Machin - Rene Oertel - Rido - Robert Babczynski - romaneau - Ruzanna Arutyunyan - Sahara Nature - Sander - Sapsiwa - saras66 - Sashkin - seccotine - Sergii Figurnyi - shadowvincent - Silvy78 - simas2 - Simon Coste - ssphotographyinc - steamroller - Stefan Andronache - stéphane jouet - stickmyhome - Studio1907/Netfalls - Tamara Kulikova - tashatuvango - teracreonte - Thomas Brostrom - Thongsee Muellek - Timonova Ekaterina - Tinka - Tommy Schultz - Tomo Jesenicnik - uckyo - Ulf - Valentyn Volkov - Valeriy Kalyuzhnyy - van der Steen - van der Steen Fotografie - vikiri - Vinicius Tupinamba - virginie_33 - Vladimir Blinov - William Wang - Wolszczak - yasonya - Yuri Arcurs - zakaz - zirconicusso
© thinkstockphotos.com : bjeayes - Brand X Pictures - Carlos Santos - Franck Boston - Goodshoot - Goran Bogicevic - Ingram Publishing - javarman3 - Jupiterimages - Luis Pedrosa - morningarage - Roman Shyshak - Stockbyte

Imprimé en Espagne par Unigraf
Dépôt légal : février 2014
313899-03/11030510-février 2015